灵动理念下的小学语文教学的行与思

黄秀英 / 著

中国出版集团　现代出版社

图书在版编目（CIP）数据

灵动理念下的小学语文教学的行与思 / 黄秀英著
. -- 北京 : 现代出版社, 2023.11
ISBN 978-7-5231-0570-2

Ⅰ. ①灵… Ⅱ. ①黄… Ⅲ. ①小学语文课—教学研究
Ⅳ. ①G623.202

中国国家版本馆CIP数据核字（2023）第192946号

著　　者	黄秀英
责任编辑	邓　翃

出 版 人	乔先彪
出版发行	现代出版社
地　　址	北京市安定门外安华里504号
邮政编码	100011
电　　话	(010) 64267325
传　　真	(010) 64245264
网　　址	www.1980xd.com
印　　刷	北京政采印刷服务有限公司
开　　本	889mm×1194mm　1/16
印　　张	9.75
字　　数	158
版　　次	2023年11月第1版　2023年11月第1次印刷
书　　号	ISBN 978-7-5231-0570-2
定　　价	58.00元

目 录
CONTENTS

第四章 灵动的学习思考

第一章

灵动的工作室文化

我们的生活就像旅行，思想是导游者；没有导游者，一切都会停止。目标会丧失，力量也会化为乌有。

——歌德

我们名教师工作室团队充分发挥引领示范作用，以蒲公英的精神为指引，树立一种先进的教学理念，为建设一支高素质专业化的教师队伍而努力前行。我们致力于把工作室打造成学习的共同体、专业的工作坊、教学的诊断所，把先进的教育理念、独特的教学风格、精湛的教学技巧、科学的教学方法，辐射到教师教学中，促进教师专业化发展全面提高教学质量。

与"英"同行　一路芬芳

——广东省黄秀英名教师工作室品牌建设

蒲公英象征无限的希望和顽强的生命力。广东省黄秀英名教师工作室取其"蒲公英"的花语，寓意工作室将如蒲公英一般飞向远方播撒希望，把最优质、最新的教育资源传播开来，不断辐射推广，打造"蒲公英"品牌特色。本工作室的特色品牌建设主要从以下四个方面展开。

一、凝心聚力的蒲公英文化

工作室团队发挥蒲公英的精神致力于找出一些教育的弊端，树立一种先进的理念，带出一批优秀的教师，闯出一片个性的天地，留下一道美丽的风景。工作室导师和顾问立体化地指导，出台规章制度，端正工作室成员的态度；打造团队"蒲公英"文化，铸就工作室的气度；开展课题研究，确立工作室的高度；聚焦课堂教学，锻造工作室的硬度；培养教学骨干，加强工作室的力度；推广科研成果，放大工作室的亮度；规范使用经费，确保工作室的纯度。工作室成员在这种"蒲公英"文化的熏陶下成长有力量，教学有智慧，教师有特色，好课有品质。每个成员手拿方方正正的书籍，写着方方正正的汉字，要做方方正正的文人，教出方方正正的学生。教学中采用"待完满"课堂教学模式，适时创设悬念，让课堂存在足够的"未定点"和"不确定性"，千方百计唤起学生的求知欲望，点燃学生的智慧火花，让学生手舞足蹈地（身体灵动）、浮想联翩地（精神灵动）、兴趣盎然地（生命灵动）参与到教学过程中来。

蒲公英文化框架见图1-1。

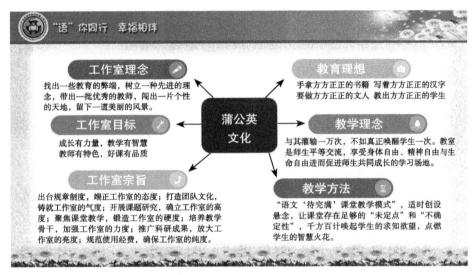

图1-1　蒲公英文化框架

二、成果导向的蒲公英研训

OBE即成果导向理念，是指教学设计和教学实施的目标是教师通过培训最后所取得的学习成果。OBE强调以下四个问题：

（1）我们想让学生取得的学习成果是什么？

（2）我们为什么要让学生取得这样的学习成果？

（3）我们如何有效地帮助学生取得这些学习成果？

（4）我们如何知道学生已经取得了这些学习成果？

成果导向，以始为终，最终学习成果（顶峰成果）既是OBE的终点，也是其起点。所以，首先确定学员在培训中需要取得什么样的成果，采用成果导向（问题导向），培训成果应该可清楚表述和可直接或间接测评，因此往往要将其转换成培训绩效指标，将预期成果转化为学员需要完成的任务绩效指标，以任务驱动学员的学习、交流等，让学员找到自我提升和修炼的方向。

学习成果代表了一种能力结构，这种能力主要是通过培训课程教学来实现的。因此，按照案例研习、聚集焦点研讨、专题讲座、难点突破等流程开设相关培训课程，开展自主研修、同伴互助、专家引领等学习活动，让学员得到全面的赋能提升。再让学员尝试练习，围绕任务，开展基于实际情境的多轮实战训练，学员在训练中锻炼自我；学员在班级或小组展示自己完成的任务，并进行小组研磨和导师指导。

OBE的教学评价聚焦在学习成果上，而不是在教学内容以及学习时间、学习方式上。采用多元和梯次的评价标准，还要根据预期成果制定绩效考核标准，进行培训考核评价，产出培训成果；最后学员将培训成果应用于工作岗位，以岗位应用考核，这是作业培训的重要指标。同时以工作室为依托，加大学区内学校之间的交流，逐步建构校本教研—学区教研—区域教研"三位一体"的教研模式，有效加强了区域教研力量的凝聚力，促进各级教研成果在教学实践中的有效落实。

蒲公英文化研训流程如图1-2所示。

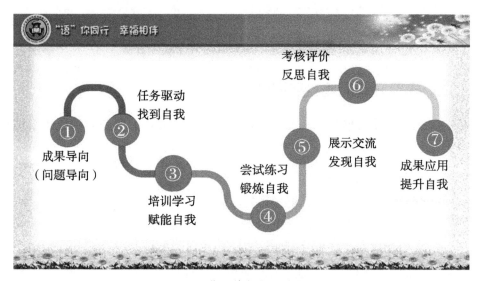

图1-2　蒲公英文化研训流程

三、灵动有爱的蒲公英课堂

语文课堂应该是激情飞扬的课堂，是个性与活力彰显的课堂，既有"飞流直下三千尺"的澎湃热情，也有"小桥流水人家"的浅唱低吟，更有"浅笑盈盈待花开"的师者慈爱，那如何才能构建这样灵动有爱的语文课堂呢？

灵动有爱的"蒲公英"课堂，主要采用"152"灵动课堂教学模式（图

1–3）。表面指一节课分为八等份，课始占1份，课中占5份，课末占2份，其内在含义是"1"指一种灵动的教育思想，"5"指培养学生"五种智力因素"即注意力、记忆力、观察力、想象力、思维力，"2"指两种转变：教与学的转变和评价的转变。一节课40分钟的黄金分割：课始5分钟，课中25分钟，课末10分钟。课始5分钟巧用"课前一练"迅速集中注意力，激发学习兴趣；课中25分钟创新教学方式进行高效授课，提升学习能力；课末10分钟活练拓展，重新聚焦注意力，培养学生核心素养。课中采用了"独学内化—导学助长—研学互助—共学分享—延学拓展"的教学范式，发挥学生的主体性，达到教、学、评的一致性。独学内化：教师深入研读教材，设计独学指南，学生独立思考、内化，旁注已解决的知识和未能解决的问题。研学互助：同桌或小组内合作学习，互相交流，解决问题。共学分享：分组汇报独学和研学的成果，在倾听的过程中收获知识，并做好旁注。导学助长：教师在倾听学生汇报时，适时指导和点拨，引导解决重难点。

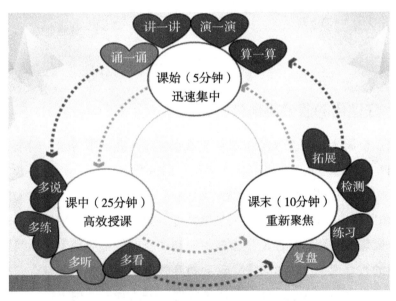

图1-3 "152"灵动课堂教学模式

灵动有爱的"蒲公英"课堂采用"三段式"教学模式效果如何呢？我们还采用了"5D"课堂评价（图1-4）来观察课堂教学效果（"5D"——"Dimensions"就是维度的意思，它包括视觉、听觉、触觉、嗅觉和动感），即从温度、广度、适度、高度和深度五个角度进行观察。温度关注课堂氛围，广度关注学生参与，适度关注课堂训练，高度关注教材解读，深度关注思维拓展，从"教师、学生和教材"立体化视角关注课堂。在课堂中践行"灵动"的教育思想：因材施教、因人施教，做到教与学以及评价方式的转变，培养学生"五种智力因素"，全力打造高阶思维的"灵动课堂"。

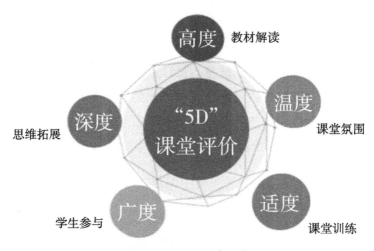

图1-4 "5D"课堂评价

四、立体化的蒲公英研究

三年一个周期，名教师工作室能做哪些事呢？我们带着这个问题开展了对"四微研究""四步共读"和"四个成型"的探究。

（一）"四微"研究，从小到大

"四微"研究（图1-5）就是聚焦微问题，提出微策略，展示微课例和撰写微反思。聚焦微问题，从而汇集教学中遇到的所有教育小现象、小问题，从中发现当前的教育现象，透过现象，就会找到教育问题的热点和难点，从而帮助我们寻找到教育的切入点，继而提出微策略。一人计短，两人计长，汇聚学员的"智慧"，就可以找到解决问题的办法。学员针对发现的微现象、问题，找到的微策略，将其记录下来就是一篇篇微反思，汇总所有的反思，就是团队研训的"大成果"。

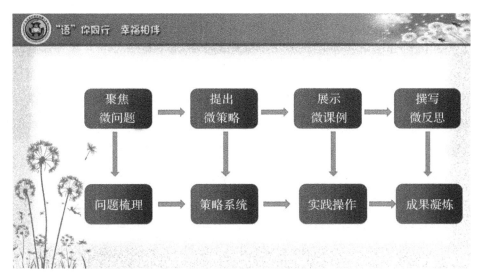

图1-5 "四微"研究流程

（二）"四步"共读，积少成多

"胸无点墨神难聚，腹有诗书气自华。"阅读是一个了解自己和思考外界的过程，又是一个自己比对、自我反省的过程。工作室设计了"四步"共读（自读—共读—享读—成课）（图1-6）来让学员开展自我修炼和修炼自我。

图1-6 "四步"共读

第一，每学年工作室要求学员自选1~3本书籍，自主制订阅读计划开展阅读；第二，工作室定期开展赠送书籍活动，制订"共读"阅读计划，全体学员在规定时间内完成共读书目；第三，采用线上与线下相结合的方式开展阅读分享活动，每个学员在自读和共读的基础上可以推荐一本好书或者结合自身谈体会等；第四，每个学员根据"自读—共读—享读"，自我反思、总结，撰写心得、形成讲座、课例、微课等；第五，工作室开展"成课"展示活动，组织学员通过"微讲座""微课""课堂教学"等来展示收获。

（三）"四个"成型，从缺到圆

《义务教育语文课程标准（2022年版）》指出：核心素养内涵是文化自信、语言运用、思维能力和审美创造。其中还强调：核心素养的四个方面是一个整体（图1-7）。语言是重要的交际工具和思维工具，语言发展的过程也是思维发展的过程，二者相互促进。语言文字及作品是重要的审美对象，语言学习与运用也是培养审美能力和提升审美品位的重要途径。那么我们如何在课堂上落实核心素养，培养学生情感成型、语言成型、思维成型和审美成型呢？我们工作室主要借助"同课异构"的"人本教研"来建构。

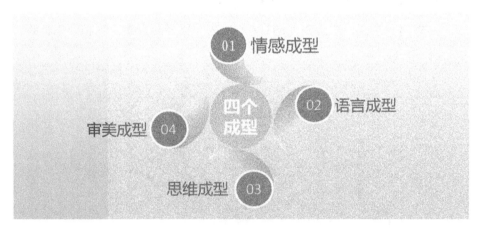

图1-7 "四个成型"的核心素养

全国各地不少学校已经开展了"同课异构"的研究，但这种研究多是"竞赛型"，属于一次性的活动，没有延展性和拓展性，其中的互动交流、反思也仅仅是停留在本堂课中，而且都是着眼于应用"比较"的方法来看待这里的"同"中之"异"，侧重点是在研究"异"，就是运用"比较研究"法来研究教学活动。过于注重对教材教法的文本教研，忽视人本教研。我们工作室借助"同课异构"开展"人本教研"，引发学员智慧的碰撞，长善救失，取长补短，提高教学效果，同时也为学员提供了一个交流互动的平台。而我们工作室团队的研究是重视"人本教研"，围绕教学设计、课堂细节、核心素养、课外环境信息来源等进行分析研究，致力于学生核心素养的形成和师生的共同发展。研究的内容不再是一次，不再单一，而是系统化、系列化地长期进行不同内容的同课异构的研究，形成一种教研合力，构建语文学习的任务群，产生优质教育资源的同时更好地立体化地培养了学生的情感成型、语言成型、思维成型、审美成型的四个成型的核心素养。

道阻且长，行则将至，行而不辍，则未来可期。工作室特色品牌建设是一个线性的过程，我们团队凝心聚力，相信与"英"同行，播撒爱的种子与希望，定能一路芬芳！

名师引领促成长　分享幸福再扬帆

在教育教学的路上，我走过了20多年，许多人说："黄老师，你真幸福！"是的，我幸运地遇见了一群巨人，我幸运地站在了一群巨人的肩膀上，2017年12月，我更幸运地遇到了一支优秀的团队结伴同行，一路上我们收获了许多，成长了许多。回顾两年结伴而行的路程，下面我将分四个阶段总结我们这一路沿途看到的风景！

一、观望等待期：奋发积聚，面壁寻机图破壁

2017年3月，鼎湖区教育局成立了17个工作室，广东省黄秀英名教师工作室是17个工作室之一，也是最大的一个团队：4名顾问、1名助理、14名成员和12名学员。一个人可以走得更快，一群人可以走得更远。但是别说带着他们走得更远了，当时的境遇是就连该往哪里走，怎么走，都找不到调。自己也不敢蹚这次浑水，想想先看别的工作室是怎么做的，这些曾一度令我迷惘，带着这些疑问和思考处处寻着"他山之石"，以图有朝一日得破壁之法。2018年2—4月，由鼎湖区教研室组织的区工作室主持人第一次"碰面会"和工作室夏浩和主任、陈月容和钟结兰顾问的"面诊会"，终于让我找到了工作室"破茧成蝶"的切入口。

首先，我组织工作室的部分名师汇聚逸小，研讨工作室的理念、目标、室徽、制度等。其次，在梁少林校长的大力支持下，快速地组建起工作室办公室。子曰："人无近忧，必有远虑。"我根据工作室的实际情况，拟定出相关的工作室管理办法，包括成员的具体分工、详细的工作计划和工作行事历等。

二、探索实践期：敢于追求，乘风破浪会有时

我们出发的行囊已准备就绪，打包完毕，按照计划迅速开展了工作，相信敢于追求，乘风破浪会有时。

（一）专注学习，自主提升

名师之所以名，是因为一直走在学习的路上，修炼内功。博观而约取，厚积而薄发。我带领着这个团队向着合作、乐于学习的方向出发。工作室学习内容丰富，形式多样，主要采用了"内外兼修"的方法来提升学员的能力。"修炼内功"是通过名师示范课、名师诊断课、名师磨课、学员汇报课、课题研讨课、理论学习、名师专题讲座、青蓝结对同课异构等自行修炼；"外取所长"主要是自学吸养和外带干货。

（二）课例研讨，名师引领

名师之所以名，是因为自己名声在外，示范引领。时常听到这样一句话："读万卷书不如行万里路，行万里路不如阅人无数，阅人无数不如名师指路。"课堂永远是教师的主阵地，工作室紧紧抓住课堂教学，引导成员、学员研究自己的课堂，学习名师的课堂，展示自己的课堂。教育成败的关键，是能否将先进的教育理念转化为有效的教学具体行为。因此，工作室每学期都与区教研室、广东省陈月容名教师工作室联手打组合拳：开展"名师示范课""名师论坛""同课异构""送教下乡"等活动，如2019年4月就连续开展了三场肇庆三地教研活动。

两年来工作室成员共开展了46次专题讲座，参与人数达2000多人次，校级以上示范课80余节，其中同课异构4次。这些活动十分接地气，让人可复制可移植，辐射范围广，充分体现了名师的示范引领作用。

三、发展突破期：自成一格，咬定青山不放松

人在一起叫聚会，心在一起叫团结。我们这个团队不甘于按部就班地完成工作，而是整个团队扭成一股绳共同寻求工作室的突破口。

（一）青蓝结队，培桃育李

名师之所以名，是因为是一名优秀的园丁，培桃育李。一枝独放不是春，百花齐放春满园。工作室的12名学员90%以上都属于教龄未满五年的青年教

师，还有一群非工作室学员的年轻小语人走在鼎湖小语的路上，所以培养青年教师是工作室的一大任务。工作室开始制订的任务是：每个成员都必须有自己结队的青年教师。我们这一年多来摸索出培青的"秘诀"——让青年教师多上公开课，多参加比赛课。我们形成了培青的模式：导师听会诊课—导师面诊会—导师示范课—青年教师汇报课。近两年的培青已初见成效：工作室的助理陈玉燕参加肇庆市小学语文教学比赛获一等奖；2017年组织八位工作室成员辅导区青年教师杨嘉仪校长参加肇庆市青年教师素养比赛获特等奖，并代表肇庆市参加广东省青年教师素养比赛获一等奖；青年教师参加各类竞技比赛累计获奖60多人次，同时很多工作室成员辅导青年教师也获得了优秀辅导老师奖，共计30多人次。

（二）互学互研，研出成果

名师之所以名，是因为愿意与团队同行，互学互研。雷锋在日记中写道："一朵鲜花打扮不出美丽的春天，一个人先进总是单枪匹马，众人先进才能移山填海。"我们工作室发挥团体合作、共研共赢的精神，以课题研究为抓手，引导教师们走"科研兴师，名师强效"之路。首先针对新课程教学的难点和热点问题，工作室的成员、学员都主动参与了区、市、省级等课题，据统计参与区级课题5个、市级课题37个、省级以上课题27个、国家级课题1个，我带领所有成员还申报了市级课题《信息技术与小学语文深度融合的个案研究》。

不识庐山真面目，只缘身在此山中。许多课题老师当局者迷，找不到课题研究的方向和突破口。为了推动课题的开展，我们组织工作室课题组成员，互帮互助，团结协作，组织开展课题研讨课、课题阶段交流会等。工作室出色完成了3次课题研讨课和一次课题交流会的任务，为课题成员找到了突破口、指引了研究方向。

（三）整合资源，交流分享

名师之所以名，是因为善于总结反思，与人分享。不为所有，只为所用。我们工作室的全体成员、学员将自己两年的成果、外出学习的心得、优秀教学设计、教学视频、教学反思等都上传到了工作室的网盘里，实行了资源共享。工作室还把成员、学员上传的资料进行整合、汇集出书。我们建立了微信群，方便大家利用网络讨论交流，如在群里交流探讨教学中的一些问题。同时我们也利用这个微信群发通知和一些学习资料让成员、学员们交流分享，共同学习，共同成长。

四、总结提升期：分享幸福，而今迈步从头越

人生征途中，适时地梳理所得所失，也是后一征程的动力和压力。我们这个团队结伴而行两年，今天到达驿站了，反思盘点一下我们收获的点滴：两年来工作室成员共开展了46次专题讲座，校级以上示范课80余节，其中同课异构4次，参与人数达2265人次；青年教师参加各类竞技比赛累计获奖60多人次，优秀辅导老师20多人次；成员、学员所撰写的教学论文、德育论文获区、市、省、国家级奖，发表共计100多篇；区级课题5个，市级课题37个，省级以上课题28个；黄秀英、陈月容主持的"如何在课堂中渗透传统文化"课题在第六届肇庆市基础教育科研成果奖获二等奖，在广东省中小学教育创新成果奖中获三等奖；两年来的优秀课件近100个；优秀课例近50节；工作室成果推广材料共16本，其中联合逸夫小学、广东省陈月容名教师工作室编写了《雅集》《舌尖上的肇庆》和《课前诵》三本校本教材，现已在逸夫小学推广使用。

欲穷千里目，更上一层楼。虽然今天看到了成绩，但明天我们将继续带着更加深沉的思考前进：如何系统地呈现工作室成果？如何让工作室的成果辐射更广？如何让名师更"名"？

昨天我们结伴同行，感恩遇见了专业的顾问，感恩遇见了优秀的团队，还遇见了成长的自己。今天希望工作室全体成员、学员能够不忘最初出发时的目标——谋求专业高位发展，享受教育幸福人生。明天，我们将带着这美好愿景，从这里再扬帆出发！

金秋集结齐筑梦　名师引领起新航

——2021年第一期广东省黄秀英名教师工作室集中研修方案

　　根据广东省教育厅　广东省财政厅关于印发《广东省中小学名教师、名校（园）长、名班主任工作室的管理办法》的通知（粤教继〔2021〕3号）文件精神，为了充分发挥名师的示范辐射作用，推进我市教师队伍内涵发展，特此制定广东省黄秀英名教师工作室第一批学员跟岗学习活动方案。

一、主要项目

　　"金秋集结齐筑梦　名师引领起新航"集中研修以《中小学教育指导纲要》为指导思想，包括工作室"点燃梦想，对标名师，规划发展"、学员成长规划、培训需求诊断、开展教研活动、课例观摩评析、专家讲座等，充分发挥工作室的示范、引领和辐射作用，搭建专业化发展的平台，领航骨干教师促进专业化成长。

二、培训时间、地点

　　培训时间：2021年11月16—26日。

　　培训地址：肇庆市鼎湖区坑口街道文昌四街肇庆鼎湖逸夫小学。

　　报到时间：11月17日早上8时20分前。

　　报到地点：肇庆鼎湖逸夫小学。

三、培训须知

（一）遵守考勤与请假制度

学员需要按规定时间参加研修。如请假须提前告知，发送书面信息至工作室助手陈玉燕老师，并提交加盖单位公章的请假条（A4纸）。

（二）学员准备

（1）自我介绍。每人准备大概5分钟的自我介绍和学校介绍。简介要详细，除了自己的基本信息，还要有工作经历、荣誉、特长、对小学语文教育的理解、趋势以及自己的发展方向，等等。

（2）课例展示。根据工作室管理规定，每位学员每年必须组织一次课例展示。本次研修将展示三个课例（或者是讲座、交流），领域不限。报名展示、交流的老师要准备相应的教案、课件等。展示的课例将进行现场拍摄，并上传到工作室网络平台，共同学习研讨。

（3）自我诊断培训需求。学员结合自己的专业发展需求，拟定自己的发展方向，并汇集自己需要提高和解决的问题在研修交流中提出解决。

（4）培训时请携带手提电脑，便于开展网络研修。

（三）遵守校方规章制度

学员在集中研修期间要遵守校方的规章制度，服从工作室的安排与管理，不得迟到、早退、旷课或私自外出，要以饱满的精神、认真的态度完成本次培训学习任务。

（四）妥善保管个人物品

培训期间，请妥善管理个人物品，晚间活动尽量避免单独外出，注意保护好人身和财物安全。

（五）统一安排住宿，按时提交回执

研修期间，需要住宿的学员由工作室统一安排酒店，便于学员管理和学员交流。请学员务必于11月10日前交参训回执。

四、经费说明

广东省黄秀英名教师工作室负责提供培训活动实施的专项经费，包含培训费、资料费、学员住宿费伙食费，参训人员培训往返的交通费、伙食费、住宿

费等，按照所在单位差旅费管理规定回所在单位报销。

五、研修作业（请于培训结束后一周内完成，发到微信群）

（1）以组为单位写学习简报。

（2）每位学员每天完成一篇不少于200字的跟岗日志；培训结束时上交一篇2000字以上的培训心得体会、两篇1000字以上的观课反思、一节5~10分钟的微课（PPT、视频）、一份优秀教学设计、一个优秀课件、一份详细个人成长规划。

六、其他事项

（1）严格按照疫情防控要求，提前两天做好个人核酸检测。

（2）提前一天把核酸检测结果、行程码、健康码的截图发给助手陈玉燕汇总检查。

（3）参加活动时请全程戴好口罩，提前准备15天跟岗的口罩。

七、研修活动联系人

工作室助理陈玉燕老师和陈丽萍老师。

附件1：研修日程安排（见表1-1）

表1-1 "金秋集结齐筑梦 名师引领起新航"集中研修日程安排

课程名称	日期	时间	内容	地点	负责老师	美篇
相约逸小团队建设	11月16日	8：30—12：00	团队组建：破冰之旅	金苹果楼名师工作室	陈玉燕 谢玉兰	谢玉兰
		14：30—15：30	任务解读	金苹果楼三楼录播室	陈玉燕 黄秀英	
揭牌仪式专家到校	11月17日	8：50—10：00	参加工作室揭牌暨学员跟岗开班仪式	小苹果楼一楼报告厅	黄秀英 陈玉燕 谢玉兰	
		10：00—12：00	专家讲座：《如何激发学生学习动机》		肖晓玛	

续 表

课程名称	日期	时间	内容	地点	负责老师	美篇
揭牌仪式 专家到校	11月17日	14：10— 14：20	合影	青苹果楼前	谢玉兰	谢玉兰
		14：30— 15：10	名师展示课	小苹果楼一 楼报告厅	黄秀英 何莹娟 陈玉燕	
		15：20— 17：30	专家讲座			
课例观摩 独学内化	11月18日	8：30— 17：30	鼎湖区小学语文满两 年教龄青年教师成长 课比赛（内容：阅读 教学比赛）	金苹果楼四 楼电教室	陈玉燕 吴 蕾	谢叶敏
任务解读 独学内化	11月19日	8：30— 9：30	简介"152"善爱课 堂教学模式 简介"六面自我诊断 法"	金苹果楼三 楼录播室	黄秀英 陈玉燕	伍柳仪
		9：40— 11：30	自我诊断			
		14：30— 15：30	同伴交流	金苹果楼三 楼名师工作 室	黄秀英 陈玉燕 谢玉兰	
		15：30— 17：30	1.独学内化： 分组解读统编教材小 学神话课文 2.分组交流展示			
专家讲座 专题研修	11月20日	8：30— 11：30	王文丽专家讲座《统 编教材的策略单元怎 么教》	金苹果楼三 楼录播室	王文丽 鱼利民 谢玉兰 陈玉燕	莫丽萍
			孙世梅专家讲座《语 文要歌词落地的新焦 点》			
		14：30— 17：30	1.专家讲座 2.专家答疑 3.录制微课	金苹果楼三 楼录播室	肖晓玛 陈玉燕 黄惠珊	
自主研修 交流展示	11月21日	8：30— 11：30	1.录制微课 2.撰写观课反思 3.整理开题报告	金苹果楼三 楼录播室	陈淑仪	

续表

课程名称	日期	时间	内容	地点	负责老师	美篇
自主研修交流展示	11月21日	14：30—17：30	1.撰写个人成长规划 2.共读一本书，撰写心得	金苹果楼三楼录播室	谢玉兰	莫丽萍
课题研讨成果展示	11月22日	8：30—10：00	观摩课题开题仪式	金苹果楼四楼电教室	李少波 谢玉兰 黄惠珊	梁湘
		10：00—10：30	课题会议			
		11：00—11：30	参观课题成果展示		谢玉兰	
		14：30—17：30	世界咖啡：课题研究			
送教下乡示范指导	11月23日	7：40	集中出发	肇庆市鼎湖区永安中心小学	陈玉燕	冼艳
		8：20—8：40	说课展示：《女娲补天》		伍柳仪	
		8：40—9：20	课例展示：《女娲补天》			
		9：30—10：20	课例展示：《普罗米修斯》	肇庆市各区	黄秀英	
		10：20—11：10	专题讲座：《同中辨异看清〈普罗米修斯〉》			
		11：00—11：30	专家点评		夏浩和	
		11：30—11：40	合影		陈玉燕	
		14：30—15：10	课例展示：《精卫填海》	金苹果楼四楼电教室	陈玉燕 伍柳仪	
		15：10—15：30	说课《羿射九日》			
		16：30—17：30	分享听课体会			

续 表

课程名称	日期	时间	内容	地点	负责老师	美篇
专家讲座读书分享	11月24日	8：30—11：30	专家解读《新课标》（说话）	金苹果楼三楼录播室	陈月容钟结兰黄惠珊	廖根容
			专家解读《新课标》（阅读）			
			专家答疑			
		14：30—17：30	集体分享：读书沙龙			
总结回顾分享收获	11月25日	8：30—11：30	1.撰写学习心得 2.集体分享：培训心得	金苹果楼三楼录播室	陈玉燕黄惠珊	莫维英
		14：30—17：30	整理上交培训资料			
	11月26日	全天	1.实践反思 2.共读一本书 3.返程		陈玉燕	

附件2：专家简介

肖晓玛，教育学博士，教育部教育质量监测视导专家，肇庆学院教师专业能力发展中心副主任，肇庆学院教师教学发展中心副主任，主持省级课题三项，出版专著一本，主编教材三部，参编教材五本，公开发表论文四十余篇。

何莹娟，正高级教师、语文特级教师、教育部"国培计划"广西语文教师培训专家、广州市和肇庆市的名教师培训对象学科导师、广东省名教师工作室主持人；1987年参加工作，从教34年，从事语文学科教学23年。担任坪山区碧岭小学党支部书记、校长5年，并受命筹建坪山区东纵小学，出任备课组长。曾任三亚市语文教研员、深圳市育才教育集团学科委员会语文学科组长、广东省名师工作室顾问，并获聘华南师大兼职教授。

王文丽，北京市特级教师，正高级教师，北京市东城区教育科学研究院语文教研员，教育部国培专家，中国教育科学研究院培训中心特聘专家。曾获"全国优秀教师""北京市优秀青年知识分子""北京市优秀教师""北京市三八红旗手""北京市劳模"等光荣称号。出版专著《给孩子上阅读课》《走近王文丽——语文让我如此美丽》《课堂飘香是茉莉》等。

　　孙世梅，教育学博士，教授，吉林省中小学教师继续教育办公室（吉林省"国培计划"项目执行办公室）主任，吉林省小学语文教研员，吉林省教育学会小学语文教育专业委员会理事长。出版教育专著《教苑留痕》《统整教学：走向融合的语文课堂》，在《人民教育》《东北师范大学学报》《教育理论与实践》等杂志发表论文多篇。

　　钟结兰，肇庆鼎湖逸夫小学政教处主任，小学语文高级教师，广东省特级教师，广东省南粤优秀少先队辅导员，肇庆市劳动模范，肇庆市优秀教师，肇庆市先进德育工作者，肇庆市基础教育系统首批学科带头人、第二批名教师，肇庆市中小学名班主任工作室主持人，撰写的多篇论文获省、市一等奖并发表在核心期刊上，多个课例在中央教科所课题展示活动获一等奖，主持了多项学科及德育课题，多项教育教学科研成果获省、市科研成果奖。

　　附件3：交通指引

　　1. **乘坐高铁**：肇庆东站—乘坐公交车204路、205路、206路—鼎湖区教育局—步行3分钟到肇庆鼎湖逸夫小学

　　2. **乘坐火车**：肇庆火车站—乘坐公交车205路—鼎湖区教育局—步行3分钟到肇庆鼎湖逸夫小学

　　3. **自驾车**：导航定位肇庆鼎湖逸夫小学（地址：肇庆市鼎湖区坑口街道文昌四街）

共启愿景　梦想起航

——2020年鼎湖区小学语文名教师工作室培训方案

一、指导思想

根据《中共中央国务院关于全面深化新时代教师队伍建设改革的意见》中提出全面提高中小学教师质量，建设一支高素质专业化的教师队伍，以及按照"2020年鼎湖区教育局第二届名教师工作室的要求"，结合本工作室的实际情况，特制定本培训方案。

二、培训目标

（一）总体目标

本次培训旨在通过"多元组合，研训一体"的培训方式，让骨干教师、名师认清自己，找准定位，激发教育激情，唤醒教育智慧，让骨干教师、名师在专业情怀、专业知识和专业能力等方面找到突破口，发挥名师示范、辐射和引领的作用，以名师打造名师团队，同时为教师搭建更广阔的专业成长平台，打造区域教育品牌。

（二）具体目标

（1）通过角色定位模块的学习，让学员认清自己，找准定位，激发教育激情，唤醒教育智慧。

（2）通过教材解读模块的学习，让学员更深入地解读统编教材，提高专业能力，提升课堂教学质量。

（3）通过教育理念模块的学习，让学员的教育思想得到更新，打破传统的教学观念和手段，找到自己教学瓶颈的突破口。

（4）通过现场观摩、分组研磨和送教下乡模块的学习，让学员在研训中实践，在观摩与研训中反思与提高。

三、培训主题

"共启愿景　梦想起航"。

四、培训时间

2020年10月16—21日（共六天）。

五、培训地点

肇庆鼎湖逸夫小学（具体请详阅下面日程表）。

六、培训人员

（1）鼎湖区小学语文名教师工作室成员（共20人）。
（2）鼎湖区第一届小学语文名教师工作室优秀成员、学员（共17人）。

七、培训形式

（一）触发、唤醒
通过角色定位模块中的"工作室挂牌仪式""共同体建设""局领导的发言"和"名师讲座"等培训内容，让名师、骨干教师认清自我、找准方向，激发教育激情，唤醒教育智慧，触发内驱力，发挥名师效应。

（二）交流、分享
通过教育理念和教材解读模块中的"UMU问卷互动""专家讲座""世界咖啡"等培训内容，让名师间互动交流、思维碰撞，与同伴对话，从中找到工作室团队的亲和力和归属感。

（三）反思、实践
通过分组研磨和送教下乡模块中的"六项思考帽""磨课"等培训内容，让名师在互动中反思，再次唤醒内驱力，并在自己的教学岗位上实践。

分科培训明细表见表1-2。

表1-2 分科培训明细表

时间		培训流程、课程形式、课程主题		主讲人/主持人	地点
10月16日（星期五）	8：30—9：00	学员现场报到、领取培训资料		李少波（区学科带头人、区小学语文名师工作室成员）	报告厅
	9：00—10：30	工作室挂牌仪式	1. 谭可平主任发言；2. 工作室主持人发言；3. 揭牌；4. 集体合影	李少波（区学科带头人、区小学语文名师工作室成员）	
	10：40—12：00	共同体建设	培训方案解读及团队建设	黄秀英（省特级教师、省南粤优秀教师、肇庆市创新工作室主持人）	
	14：00—15：00	模块1：角色定位	名师讲座《我的自画像——名师的职责和义务》	梁佩玲（肇庆市名师、区小学数学名师工作室主持人）	
	15：10—15：20	课间律动	集体律动操	陈丽萍（区骨干教师、区小学语文名师工作室成员）	
	15：20—16：30	模块1：角色定位	名师讲座：《名师是这样成长的》	黄秀英（省特级教师、省南粤优秀教师、肇庆市创新工作室主持人）	
10月17日（星期六）	8：30—8：50	课前律动	集体互动	陈淑仪（区骨干教师、区小学语文名师工作室成员）	报告厅
	9：00—10：30	第一届名师工作室优秀成员颁奖仪式	第一届名师工作室优秀成员颁奖仪式 1. 谭可平主任宣读名单；2. 韦局颁奖，分批上台领奖；3. 优秀成员、学员代表发言；4. 合影	黄惠珊（区骨干教师、区小学语文名师工作室成员）	

续 表

时间		培训流程、课程形式、课程主题		主讲人/主持人	地点
10月17日（星期六）	10：40—12：00	模块1：角色定位	名师讲座：《展现你的风采折射你的修养——浅谈教师礼仪修养》	凌琳（特级教师、省名师工作室主持人）	报告厅
	14：00—15：30	模块2：教育理念	专家讲座：《基于核心素养的语文教学》	周展鹏（佛山市南海教师进修学校）	
	15：30—16：30	分组研磨	送教下乡第一次研磨（执教者、授课内容）	桌长	录播室
10月18日（星期日）	8：30—8：50	课前律动	集体互动	伍柳仪（区学科带头人、区小学语文名师工作室成员）	
	9：00—12：00	模块2：教育理念	专家讲座：《新课程标准对语文课堂教学的导向作用》	黄佑生（湖南省国培训办副主任）	报告厅
	14：00—15：30	世界咖啡	基于统编教材下的名师课堂	张建华（肇庆市奥威斯小学校长、省特级教师）	
	15：40—16：30	六顶思考帽	送教下乡第二次研磨（教学设计及课件）	桌长	录播室
10月19日（星期一）	8：30—8：50	课前律动	集体互动	田爱杏（区骨干教师、鼎湖区小学语文名师工作室成员）	
	9：00—10：30	模块3：教材解读	名师讲座：《统编教材解读》	陈月容（广东省名教师工作室主持人、省特级教师、省百千万培养对象）	报告厅
	10：40—12：00	世界咖啡	《我眼中的统编教材》	钟结兰（广东省特级教师、广东省南粤优秀教师）	
	14：00—16：30	六顶思考帽	送教下乡第三次研磨（修改、说课）	桌长	录播室

续 表

时间		培训流程、课程形式、课程主题		主讲人/主持人	地点
10月20日（星期二）	7：00—9：30	模块4：现场观摩（怀集冷坑小学和怀集中心小学）	乘车前往怀集中心小学	李少波（区学科带头人、区小学语文名师工作室成员）	逸小正门口上车
	10：00—11：30		名师讲座：《高年段教材解读》	杨晓红（省特级教师、端州区教研员）	怀集中心小学
	14：00—17：30		说课—观课—评课	邱红慧（全国优秀教师、省特级教师、省名师工作室主持人）	
10月21日（星期三）	8：30—11：30	分组研磨	送教下乡第四次研磨（修改、试课）	桌长	怀集冷坑小学
	14：00—15：00	送教下乡	观课（三节课同时进行）	班委、桌长	
	15：00—16：00	世界咖啡	研讨课例的优缺点	黄秀英（省特级教师、省南粤优秀教师、肇庆市创新工作室主持人）	
	16：30—18：30	乘车	回鼎湖	班委和桌长	冷坑小学校门口上车
10月21日（星期四）	8：30—11：30	自主研修	准备成果分享	班委和桌长	逸小报告厅
	14：00—16：30	研修汇报	学员成果分享及专家点评	伦仲潮（肇庆市教育局教研室主任）	
		结业仪式	表彰优秀学员、颁发证书	谭可平、夏浩和（区教育局教研室副主任）	

八、考核评价

（一）结业考核

教师平时的学习笔记、听课记录、学习体会、案例分析、研究论文等材料和教师参加培训的考勤情况，作为教师考核并获得校本培训学分的重要依据。

采用百分制，教师必须获得80分方可完成本学年的校本培训任务。考勤占40%（迟到和请假一次扣2分，无故旷课一次扣10分），完成学习成果（学习总结、教学设计、案例分析、评课稿、教学反思、学习笔记，每项占10分，缺少一项扣10分）占60%。

（二）评优考核

综合评定为优秀的学员人数占总人数的30%，并为其颁发优秀学员证书。综合评定由三项构成，其中桌长占10%，考核小组根据学习成果评定占70%，送教下乡占20%。

九、学习及管理要求

（一）强化学习反思

在培训过程中，教师要始终持着虚心学习的态度，具备问题意识和目标意识。聚焦培训任务，带着问题参加培训、带着问题讨论和研究。

（二）强化成果物化

（1）每期培训后一周内完成1000字的"培训总结"。

（2）以小组为单位轮流完成每期的"培训美篇"或"学习简报"。

（3）按各个模块培训，完成"一份教学设计""一份案例分析""一篇评课稿""一篇教学反思"优秀学员送教下乡。

（4）编辑印刷《走近名师——优秀教学设计与案例分析》文集。

（5）编辑印刷《走进名师——我的成长故事》文集。

（6）刻录《优秀课例》《优秀课件素材》光盘。

（三）强化培训纪律

1. 考勤纪律

实行现场签到制度，如有特殊情况必须向区教研室主持人请假。

2. 学习纪律

培训期间，要集中精神听课，认真做好课堂笔记。上课时，须关闭移动电话或调成静音状态，不能随便进出，不吸烟，不看其他书报，以保持课堂的良好秩序。

3. 用餐午休

学员培训期间午餐免费，地点在逸小教师饭堂。为了减少浪费，停餐的学员提前一天告知生活委员，生活委员统一上报用餐人数，停餐教师不予以停餐补贴。中午在逸小报告厅、接待室午休，请学员注意卫生并遵守学校的规章制度。

4. 意识形态

培训期间不得传播与社会主义核心价值观不相符，与党的路线、方针、政策和国家宪法法律、法规等相悖或有异议的内容，不得存在宗教渗透等情况。

5. 防疫要求

培训期间，遵守学校的防疫工作要求，严格注意个人疫情防护，进出培训场所和公共场所全程佩戴口罩，勤洗手、不聚集。注意个人人身安全，保管好个人财物。

十、共同体建设

（一）研修平台

2020年鼎湖小学语文名师培训班的QQ群，2020年鼎湖小学语文名师培训班的微信群。

（二）班级管理团队

组长：谭可平。

副组长：夏浩和。

（三）执行小组团队

组长：黄秀英。

副组长：李少波。

成员：鼎湖区小学语文名师工作室。

（四）班委会成员（共同体建设时选举投票产生）

班委会成员列表见表1-3。

表1-3　班委会成员列表

班委分工	姓名（待定）	职责	手机号码
班长		全面统筹	
副班长		协助班长开展工作	
学习委员		上交学员考勤、跟进学习成果等	

班委分工	姓名（待定）	职责	手机号码
生活委员		学员食、宿	
宣传委员		培训相关宣传	
卫生委员		培训场地清洁、学员个人卫生	
第一桌长		小组的管理和活动组织	
第二桌长		小组的管理和活动组织	
第三桌长		小组的管理和活动组织	

（五）具体分工

（1）统筹策划（谭可平、黄秀英、李少波）：提前做好培训方案，提前呈教育局审批；审批后及时下发通知，告知参加培训的教师按时参加；提前联系授课的专家、名师，做好各方面沟通。

（2）培训筹备（李少波、陈间好）：提前做好会场准备、音响及多媒体测试、座位安排、拍摄等工作，确保培训顺利开展，做好专家的接待等工作。

（3）资料收集（邝彩萍、冯敏婷）：培训结束后做好所有资料收集，上传到网盘。

（4）宣传组（梁惠宝、李砚霞）：当天完成美篇推送；当天学校LED播放相关标语。

（5）后勤服务（梁佩玲、唐绍球）：提前做好学员、专家中午的工作餐、午休等工作。

（六）学员分组名单

学员分组名单列表见表1-4。

表1-4 学员分组名单列表

序号	学员姓名	类别	任课年级	职称	分组
1	黄秀英	主持人	六	副高级	
2	陈月容	学科带头人	五	副高级	
3	董家容	骨干教师	一	一级	第一组
4	温肖薇	骨干教师	三	一级	
5	邱靖娜	学科带头人	四	一级	

续 表

序号	学员姓名	类别	任课年级	职称	分组
6	梁瑶甲	学科带头人	五	一级	第一组
7	谢凤金	学科带头人	四	一级	
8	彭群芳	骨干教师	五	副高级	第二组
9	邓凤媚	骨干教师	四	一级	
10	伍柳仪	骨干教师	一	一级	
11	刁玉婵	骨干教师	四	一级	
12	劳丽贤	骨干教师	六	一级	
13	谢叶敏	骨干教师	二	一级	
14	傅 慧	学科带头人	三	副高级	第三组
15	范雪贞	骨干教师	三	一级	
16	田爱杏	骨干教师	一	一级	
17	邝彩萍	骨干教师	四	一级	
18	梁惠宝	骨干教师	五	一级	
19	马素梅	骨干教师	六	一级	
20	钟结兰	学科带头人	六	副高级	第四组
21	陈丽萍	骨干教师	五	一级	
22	陈秀珍	骨干教师	二	一级	
23	黄惠珊	骨干教师	六	一级	
24	莫婉娜	骨干教师	四	一级	
25	谢叶敏	骨干教师	一	一级	
26	招小芬	学科带头人	二	副高级	第五组
27	劳丽贤	骨干教师	三	一级	
28	温卓儿	骨干教师	四	一级	
29	陈秋容	骨干教师	六	一级	
30	田爱杏	骨干教师	六	一级	
31	莫品超	骨干教师	三	一级	
32	黄翠屏	学科带头人	五	副高级	第六组
33	李少波	骨干教师	六	副高级	
34	杨慧雯	骨干教师	三	一级	

续 表

序号	学员姓名	类别	任课年级	职称	分组
35	谢玉兰	学科带头人	二	一级	
36	陈玉燕	学科带头人	一	一级	第六组
37	陈淑仪	骨干教师	四	一级	

十一、部分授课教师简介

周展鹏：副教授，佛山市南海区教师进修学校常务副校长，华南师范大学等全国多所高校的兼职教授，华南师范大学王红教授专家工作室团队核心成员，韶关学院省级教师培训中心客座教授。长期从事教师培训工作，有丰富的经验和广泛的培训资源。

黄佑生：湖南省国培办副主任，湖南省中小学教师发展中心培训管理科科长，教育部"国培计划"专家库专家，教育部中小学国培校长专家库专家。湖南师大公共管理学院兼职教授、硕士生导师。著有《就这样成为好老师》《好班主任是这样炼成的》《培养真正的人》《守望道德星空》等专著，主编教育丛书《直击班级工作焦点》等著作13部。为教师、校长做讲座600场（次），在省级以上正式刊物发表论文100多篇。

陈月容：广东省特级教师，广东省名教师工作室主持人。积极投身于课题实验，课题成果曾六次荣获肇庆市基础教育科研成果二等奖，其主持的课题《如何在教学中渗透传统文化》荣获广东省第30届中小学教育创新成果三等奖并在全市推广。

钟结兰：广东省特级教师，广东省南粤优秀教师，肇庆市名班主任工作室主持人。积极投身于课题实验，课题成果曾四次荣获肇庆市基础教育科研成果二等奖，并在全市推广。

黄秀英：广东省特级教师，广东省南粤优秀教师，肇庆市劳动模范，现同时担任肇庆市劳模创新工作室和鼎湖区小学语文名教师工作室主持人。曾代表肇庆市参加"广东省第五届青年教师阅读教学观摩大赛"，囊括大赛所设三个单项一等奖；三次参加教育部中国教师发展基金会举办的课堂教学比赛均荣获一等奖。积极投身课题实验，课题成果曾五次荣获肇庆市基础教育科研成果二等奖，并在全市推广。

附件1：鼎湖区小学语文名教师工作室简介

鼎湖区小学语文名教师工作室成立于2017年3月，现有顾问4名，助手2名，成员28名，学员18人。团队名师荟萃：小学副高级教师3人，广东省特级教师3人，广东省南粤优秀教师1人，市名师4人，区名师2人；团队学历高：研究生1人，本科生14人；团队朝气蓬勃：30岁以下5人，40岁以下3人，平均年龄38岁。

工作室以课堂教研为主线，以教育科研为先导，以网络为交流载体，立足教学实际，聚焦小学语文课堂；以"创新的平台、成长的阶梯、辐射的中心、师生的益友"为宗旨；以提高教育教学质量为根本目的，树立为学生及教师服务的工作方针。工作室充分发挥骨干教师的专业引领作用，为优秀教师实现自我价值提供平台，让广大教师学有榜样，促进青年教师迅速成长，全面提高教育教学质量。

首届鼎湖区小学语文名教师工作室在主持人黄秀英的带领下，硕果累累：名师送教近100节，同课异构12次，名师讲座近50场（次）；培养了青年教师32人，国家级获奖7人次，省级获奖12人次，市级获奖23人次；主持或参与近10个课题研究，其中有3个课题在市级以上获奖；2019年12月工作室成果汇报时，整理了一批量化成果，并在全市推广。

2020年我们重新出发，继续在探索中前行，在前行中创新，在创新中成长，在成长中收获幸福与快乐！

附件2：肇庆鼎湖逸夫小学简介

肇庆鼎湖逸夫小学创办于1994年秋，是由原国家教委邵逸夫教育基金会资助50万元作为启动资金，鼎湖区人民政府投资兴建的一所区直属小学，故得名"逸夫小学"。学校占地28830平方米，总体布局合理，可绿化率为99.23%。建有与其规模相适应的符合省定标准的教学课室、活动功能室及运动场所。办学规模不断壮大，现在校学生2171人，教学班36个，教师99人，其中小学高级教师75人，副高级教师2人，全国优秀教师1人，南粤优秀教师、辅导员4名，省特级教师2人，市名校长1人，市名师4人，市学科带头人6人，区名师4人。教师学历100%达标，其中本科81人，本科率83.5%。

学校遵循"全面发展+特长发展"的模式，体现"以师生为本，以发展为本"的办学理念，大力弘扬"爱国、尚法、勤勉、自信"的办学精神，以改革创新的思维求发展，以课题科研的引领促进教学质量进一步提高，创立"百善逸夫，爱心育人"的办学特色，丰富逸小办学精神内涵，全力打造"五爱教育""幸福教育"校园。近年来，教师参加学科教学比赛名列前茅，一大批优秀教师获省市竞赛一、二等奖。省市区名师梯队式发展壮大，现有多个名师工作室：省级1个，市级2个，区级3个。

展望未来，我校将继续推进规模建设的同时，着重深化内涵的建设，将鼎湖逸夫小学办成一所素质全、有特色的省内享有盛名的现代城市学校。

附件3：肇庆鼎湖逸夫小学位置及交通指南

（1）肇庆鼎湖逸夫小学详细地址：肇庆市鼎湖区坑口街道文昌四街。

（2）乘坐公交车：3路、11路、15路、21路（在鼎湖区教育局站下车，向东步行5分钟到肇庆鼎湖逸夫小学正门）。

（3）自驾车：百度导航定位—肇庆鼎湖逸夫小学正门—在学校东面的指定停车位停车（车位24小时免费）。

春风轻拂千枝绿，名师引领繁花开

——广东省黄秀英名教师工作室工作总结

光华流转，岁月织章。悠悠三载倏忽而过，回忆往昔，绵延而来的不仅是这三年的风雨兼程，还有那阵阵沁人的"花香"。串串脚印清晰可见，初心如磐，向美而行。三年来，工作室的成员们风雨同舟，沉心逐梦，一路筑梦。

一、探寻成长，深埋花种

为了能更好地追寻自己成长、成名之梦，工作室排除万难，组织学员开展了5次线下集中跟岗研修，引领学员共同开展寻梦之旅。如2021年11月开展了为期11天的跟岗学习；2022年9月开展了为期6天的跟岗学习；2022年10月，工作室承接了肇庆市全员轮训工作，为期10天；2023年4月开展了为期6天的跟岗学习；2023年5月开展线上、线下同步进行的跟岗研修活动。来自不同县市区的学员们相聚在一起，在工作室主持人的引领下开展了形式多样的跟岗研修活动。如工作室的揭牌仪式、课例观摩、专家讲座、课题研讨、送教下乡、任务解读、读书沙龙、学习分享等。学员们共同起航，寻梦之花遍地开。

二、走进名师，仰望花绽

读万卷书不如行万里路，行万里路不如阅人无数，阅人无数不如名师指路。为了使学员开阔视野，增长见识，接受更先进的教育理念，引领专业发展，工作室坚持线上、线下学习，组织学员们参与学术交流、听课教研等活动。三年来，工作室组织线上、线下学习15次，聆听了专题讲座和优秀课例100多节。学习后要及时反思、研讨和分享，这样不仅提升了自己的学科素养，也使得学习成果能在第一时间发挥价值。

三年来，工作室为了提升学员们的综合能力，充分利用各种资源和平台让学员们增值。如参加了"名师优课——2022年迎新春公益直播暨双减背景下中小学课堂变革专题活动""第十四届名师优课——小学语文作文专题研讨会""我与名师有个约会""第33届现代与经典全国小学语文（苏州）教学观摩研讨会"等。聆听了全国著名特级教师、谷里书院创办人张祖庆，杭州师范大学教育学院教授、浙江省语文特级教师王崧舟等专家的专题讲座，并邀请了肇庆学院李曙豪教授、肖晓玛教授，工作室导师、正高级教师、特级教师何莹娟，特级教师、广东省名教师工作室主持人陈月容，特级教师、肇庆市名班主任工作室主持人钟结兰等到工作室为学员们做专题讲座。（图1-8）

专家教授为学员们作教育教学、论文撰写、课题研究等线上、线下培训，更新了教师的教育观念，提高了教师的实施素质教育、新课程教学以及科研的水平。

图1-8　名师慧课指方向

三、潜心专著，时闻花香

为提高本区域教育教学质量，营造良好的教学教研氛围，推动高素质专业化教师队伍建设，工作室自成立以来，以成长有力量、教学有智慧、教师有特色、好课有品质为宗旨，以活动为载体，紧扣课堂、立足课堂、研究课堂，狠抓课堂教学的效益，努力提升学员们课堂教学能力，促进工作室学员们专业成长和专业化发展。工作室通过送教下乡、同课异构、开设讲座等多种形式的活动，充分发挥工作室及其各学员在本单位以及全市范围内的示范、引领和辐射作用，有力促进了城乡一体化均衡发展。

（一）跟岗研修阔视野

"采他山之石以攻玉，纳百家之长以厚己。"不断研修，方能视野开阔，博采众长。学员们积极参加工作室安排的各项活动并认真做好笔记，以学习的态度认真听取优秀课例、精彩的专题讲座，仿佛走进了"百家课堂"，领略了百家风范，体会到了匠心独具的教学风格。研修只是一个手段，研修只是一个开端，对于研修给予的清泉，我们要让它细水长流，借他山之石，臻攻玉之境。

2021—2023年教师研修相关活动记录如图1-9至图1-11所示。

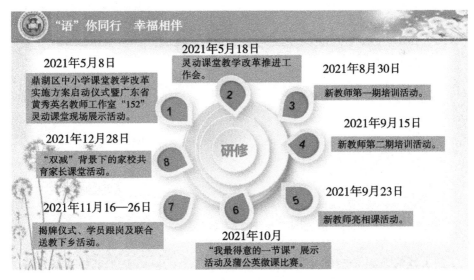

图1-9　2021年教师活动

图1-10　2022年教师活动

图1-11　2023年教师活动

（二）送教下乡传经验

为切实发挥工作室在市、区的引领、辐射、指导作用，我们开展了"名师送教"活动，工作室送教活动形式多样，有说课、课例展示、专题讲座、专家点评等环节，且这些环节均紧绕工作室的省级课题《小学语文同课异构案例分析——基于"四个成型"的核心素养》开展，得到了听课老师的一致好评。工作室成员分别到广西贺州市昭平县昭平镇第一小学、德庆县第六小学、封开县罗董镇中心小学、四会市江谷片区、四会市威整镇、高要区回龙镇侨光小学、肇庆市鼎湖区永安镇中心小学等多个地方，共完成送教下乡72人次，黄秀英、陈玉燕、陈丽萍、伍柳仪等13位老师更是给我们带来了精彩的课堂，他们不仅注重培养学生的四个基本成型（"语言成型、审美成型、情感成型和思维成型"），而且有效落实了对创新型人才的培养。

广东省黄秀英名教师工作室送教下乡（课例和专题讲座）汇总表（2022年）见表1-5。

表1-5　广东省黄秀英名教师工作室送教下乡（课例和专题讲座）汇总表（2022年）

时间	主讲人	单位	题目	送教地点	形式
2022年4月15日	莫海容	四会市城中街道白沙学校	《墨梅》	四会市江谷片区	课例
2022年5月27日	廖根容	肇庆市高要区第三小学	《提高小学生经典古诗文阅读能力的策略》	高要区回龙镇侨光小学	讲座
2022年6月28日	谢玉兰	肇庆鼎湖逸夫小学	《鲁滨逊漂流记（节选）》	昭平县昭平镇第一小学	课例
2022年8月27日	梁　湘	德庆县第六小学	《立足课堂改革把握语文主题学习》	德庆县第六小学	讲座
2022年9月21日	张洁敏	四会市城中街道中心小学	《爬山虎的脚》	德庆县第六小学	课例
	梁　湘	德庆县第六小学	《爬山虎的脚》	德庆县第六小学	课例
	莫维英	肇庆市高要区禄步镇镇小学	《如何提高五年级学生人物细节描写的能力》	德庆县第六小学	讲座
	莫丽萍	封开县江口街道中心小学	《深入教材习得方法——浅谈写好小动物的方法》	德庆县第六小学	讲座
2022年9月22日	冼　艳	四会市城中街道中心小学	《我要的是葫芦》	封开县罗董镇中心小学	课例

续　表

时间	主讲人	单位	题目	送教地点	形式
2022年9月22日	陈丽萍	肇庆鼎湖逸夫小学	《我要的是葫芦》	封开县罗董镇中心小学	课例
	谢玉兰	肇庆鼎湖逸夫小学	《小学古诗文教学策略浅谈》	封开县罗董镇中心小学	讲座
2022年9月23日	陈玉燕	肇庆鼎湖逸夫小学	《题西林壁》	昭平县昭平镇第一小学	课例
	廖根容	肇庆市高要区第三小学	《题西林壁》	昭平县昭平镇第一小学	课例
	黄秀英	肇庆鼎湖逸夫小学	《基于课程标准把握学段特点》	昭平县昭平镇第一小学	讲座
2022年10月12日	莫海容	四会市城中街道白沙学校	《关于构建小学生语言智能训练整体序列化体系的研究》	四会市威整镇	讲座

（三）示范引领促成长

三年来，工作室严格执行省培中心的要求，加大工作室的示范引领作用，工作室学员除了参与送教下乡外，还在自己的学区、学校里承担着示范引领的作用，每学年坚持上公开课、示范课。为了更好地提高工作室学员的教学能力，工作室要求学员们每上完一节公开课、示范课都要整理教学设计和教学反思以及将上课图片分享到微信群里，其他学员要对其教学设计和教学反思进行点评，达到共同学习、共同进步的目的。同时工作室也充分展示名师的示范引领作用，展示的课例和专题讲座共计30多次。如2021年5月8日，工作室助手陈丽萍老师在鼎湖区教育局举行的鼎湖区中小学课堂教学改革实施方案启动仪式暨广东省黄秀英名教师工作室"152"灵动课堂现场展示活动中展示的课例《大象的耳朵》得到了区内外200多位听课老师的高度评价。专家点评：课堂环节设计生动，有效加强了师生互动，给我们呈现了一节和谐、高效、灵动的课堂。又如2021年5月18日，在肇庆市鼎湖区永安中心小学召开的鼎湖区小学语文课堂教学改革推进工作会议上，工作室学员兼助手陈玉燕老师执教《我们奇妙的世界》，工作室网络学员陈淑仪老师执教《杨氏之子》。工作室顾问鼎湖区教师发展中心夏浩和部长高度评价这两节课充分体现了"152"灵动课堂教学模式，能关注常态课堂，在四十分钟内提高教学质量，在常态课堂中抓落实，做到了以学生为本，以课堂为主。

（四）宣传影响正导向

三年来，工作室的知名度不断提高，广东省小学教师培训中心、区电视台、肇庆教育公众号、鼎湖教育号等均对工作室主持人事迹进行了报道。在本区域一提起广东省黄秀英名教师工作室，老师们都会由衷地竖起大拇指，点赞工作室对本区域教育教学所作出的贡献。加上工作室成员、学员在名教师工作室网站上传的教学设计及课件、教学反思、读书心得、微课等各类资源近两百份，通过资源汇总和共享，让成果向周边辐射，惠及了越来越多的语文教师。多篇活动宣传报道传送到网络平台上，三年来，工作室不断打造"蒲公英"品牌特色，利用公众号，几乎每周推出一个学习资源与大家分享。如"蒲公英微课堂"，不断扩大工作室的影响力，为鼎湖区的教育事业作出力所能及的贡献。

四、努力耕耘，含苞待放

人勤春来早，奋进正当时。工作室积极营造名师成长环境，开发多样培养路径，挖掘成员发展潜质，不断优化队伍结构，提高工作室学员的整体素质。

（一）理论积淀，提升素养

专业阅读是一种吸纳，是站在大师的肩膀上前行，能奠定教师的学术根基，影响其学科思维方式。自成立以来，工作室为每位学员推荐、购买阅读书籍，如《回到教育的原点》《做一个大写的教师》《吴正宪课堂教学策略》《给教师的建议》《小学语文文本解读》《诗意语文》等，这些书中新的教育信息、新的教育理念、新的教育教学方法，对我们今后的教学有了新的指引。

我们还共读了工作室主持人黄秀英和工作室顾问陈月容合作编写的《研而有声——基于核心素养下小学语文教学的探索与实践》，开展了读书沙龙和畅谈读书心得等活动。通过阅读，我们发现当老师的学问真是大呀，心中不由得为自己是一名教师感到自豪，同时也暗暗下定决心：生活再忙，工作再累，也要挤时间阅读一本书，滋润一下心灵。工作劳累，那就向快乐出发——阅读！

专业写作是人们思维表达的高级形式，可以促进我们进行系统的、深度的思考。写作有助于帮助我们对问题有更好、更深入的理解从而获得新观点。我们立足学校、课堂、学生开展教育科学研究，认真积累教学过程中的心得感悟，捕捉课堂教学过程中的强弱音符。经过努力，工作室学员论文获奖与发表有了质的提升，国家级论文发表4篇、获奖3篇，省级论文获奖6篇、发表17篇；市级论文获奖12篇，发表2篇；区级论文发表26篇。

读书写作是一场旅行中的盛宴，是沿途无限的风光，使我们的教学之路花香满径。

（二）学以致用，提升自我

三年来，工作室聚焦课堂，通过研课、磨课、评课、议课等形式分享彼此宝贵的教学经验和先进的教学理念，激发成员的自身潜力，夯实教学基本功。工作室成员及学员获区级奖50项，市级奖23项，省级奖6项，国家级奖1项，如：工作室学员张洁敏老师在"肇庆市第四届小学语文青年教师教学观摩活动"中执教六年级上册第四单元口语交际《请你支持我》获一等奖；学员伍柳仪老师在第三届广东省中小学青年教师教学能力大赛肇庆市初赛中荣获小学语文学科二等奖；工作室学员莫维英老师设计的课件《精卫填海》荣获全国教育教学优秀课件类二等奖；工作室学员廖根容老师的《女娲补天》获得2022年省级小学语文青年教师优秀教学设计二等奖；工作室学员莫海容老师的《墨梅》教学设计及录像课在2022年广东省优秀论文评比中荣获优秀奖。

这些课堂汇聚了教育智慧，在共享知识、经验和智慧的同时也锻炼了教师的能力，使工作室学员的整体教育教学水平得到了长足发展。

（三）乐于探索，积极科研

教而不研则浅，研而不教则空。教育科研能力是一个团队学习能力的有力体现，教科研与教学紧密相连才有助于提升教育教学质量。

为了提高工作室学员课题研究的意识与能力，工作室主持人黄秀英不但带领工作室的学员一起参加肇庆鼎湖逸夫小学举行的省级课题开题报告会、参观课题成果，而且还指导学员们如何分析研究课题和开课，让学员们在思考中进步，在思考中有所收获。

三年来，工作室的教科研成绩突出。主持的课题共10个，参与的课题共16个，其中主持省级课题3个，市级课题4个，区级及以下课题3个，参与省级课题4个，市级8个，区级4个。如工作室主持人黄秀英主持的市级课题《信息技术与小学语文教学深度融合的案例研究》和在主持人带领下工作室网络学员李少波老师的课题《应用数字阅读提高小学语文教学实效性的研究》在第七届肇庆市基础教育科研成果奖评比中分别获一等奖和二等奖。省级课题《小学语文"152"课堂教学模式的建构与策略研究》《小学语文同课异构案例分析——基于"四个成型"的核心素养》立项以来，不断探究，研究成果不断丰富。

广东省黄秀英名教师工作室2020年至今学员承担课题研究情况汇总见表1-6。

表1-6 广东省黄秀英名教师工作室2020年至今学员承担课题研究情况汇总表

姓名	题目	立项单位	立项时间	结题时间	本人承担部分
黄秀英	《信息技术与小学语文教学深度融合的案例研究》	肇庆市教育局电教站	2018年8月	2020年8月	主持人
	《信息技术与阅读教学融合的"152"课堂教学模式的探究》	肇庆市教师发展中心	2020年8月	2022年11月	主持人
	《小学语文同课异构案例分析——基于"四个成型的核心素养"》	广东省教育科学规划领导小组办公室	2021年1月	2023年11月	主持人
	《小学语文"152"课堂教学模式的建构与策略研究》	广东省教育科学规划领导小组办公室	2021年8月	2023年8月	主持人
陈玉燕	《信息技术与小学语文教学深度融合的案例研究》	肇庆市教育局电教站	2018年8月	2020年8月	参与研究
	《应用数字阅读提高小学语文教学实效性的研究》	肇庆市教育局电教站	2018年8月	2020年8月	参与研究
	《基于部编教材下阅读教学模式的研究》	广东省教育科学规划领导小组办公室	2019年8月	2021年11月	参与研究
	《信息技术与阅读教学融合的"152"课堂教学模式的探究》	肇庆市教师发展中心	2020年8月	2022年11月	参与研究

续 表

姓名	题目	立项单位	立项时间	结题时间	本人承担部分
陈玉燕	《小学语文同课异构案例分析——基于"四个成型的核心素养"》	广东省教育科学规划领导小组办公室	2021年1月	2023年11月	参与研究
	《统编教材小学语文课后练习与语文园地的关联研究》	肇庆市教师发展中心	2021年12月	2023年11月	主持人
廖根容	《小学经典古诗文教学策略研究》	高要区南岸科德小学	2021年12月	2023年12月	主持人
	《双减政策下提高小学高年级学生习作兴趣的研究》	高要区南岸科德小学	2021年12月	2023年12月	参与研究
伍柳仪	《小学语文"三程五能一核心"思维课堂教学范式的构建和实践》	广东省教育科学规划领导小组办公室	2022年12月	2024年12月	主持人
	《在识字教学中培养学生口语交际能力的研究》	肇庆市教育局教研室	2018年12月	2021年2月	参与研究
莫海容	《基于智能教学平台的小学神话的研究》	肇庆市教师发展中心	2022年8月	2023年12月	主持人
	《浅谈劳动教育融入语文教学的实践探索》	四会市教师发展中心	2022年12月	2023年12月	主持人
张洁敏	《双减政策背景下小学语文课外作业设计与布置研究》	肇庆市教师发展中心	2021年12月	2023年12月	参与研究
	《运用细节描写把文章写活的有效性研究》	肇庆市教师发展中心	2019年12月	2022年12月	参与研究
谢玉兰	《信息技术与小学语文教学深度融合的案例研究》	肇庆市教育局电教站	2018年8月	2020年8月	参与研究

续 表

姓名	题目	立项单位	立项时间	结题时间	本人承担部分
谢玉兰	《信息技术与阅读教学融合的"152"课堂教学模式的探究》	肇庆市教师发展中心	2020年8月	2022年11月	参与研究
	《小学语文同课异构案例分析——基于"四个成型的核心素养"》	广东省教育科学规划领导小组办公室	2021年1月	2023年11月	参与研究
	《统编教材小学语文课后练习与语文园地的关联研究》	肇庆市教师发展中心	2021年12月	2023年11月	参与研究
梁 湘	《改革作文评价方式提升学生写作素养》	德庆县教师发展中心	2020年9月	2022年7月	参与研究
	《基于核心素养的小学语文校本教研活动探索》	德庆县教师发展中心	2020年9月	2022年12月	参与研究
	《农村小学生课外阅读指导的策略》	肇庆市教育局研究室	2018年9月	2020年7月	主持人
莫维英	《注重课外阅读,提升农村小学生语文素养》	高要区教师发展中心	2021年11月	2023年11月	参与研究
莫丽萍	《小学语文教学中"以读促写"的课题研究》	封开县教师发展中心	2020年12月	2022年12月	主持人
冼 艳	《双减政策背景下小学语文课外作业设计与布置研究》	肇庆市教师发展中心	2021年12月	2023年12月	参与研究
陈丽萍	《信息技术与小学语文教学深度融合的案例研究》	肇庆市教育局电教站	2018年8月	2020年8月	参与研究
	《基于部编教材下阅读教学模式的研究》	广东省教育科学规划领导小组办公室	2019年8月	2021年11月	参与研究

续 表

姓名	题目	立项单位	立项时间	结题时间	本人承担部分
陈丽萍	《小学语文同课异构案例分析——基于"四个成型的核心素养"》	广东省教育科学规划领导小组办公室	2021年1月	2023年11月	参与研究
	《统编教材小学语文课后练习与语文园地的关联研究》	肇庆市教师发展中心	2021年12月	2023年11月	参与研究

五、合作凝力，花香渐浓

二人同心，其利断金。工作室成立以来，为了带动辐射区域教育教学迈上一个新的台阶，工作室主持人积极联合肇庆市鼎湖区教师发展中心和市、区的名教师工作室开展形式多样的活动。如2023年2月14日联合肇庆市鼎湖区教师发展中心、肇庆市梁友玲名教师工作室和肇庆市李少波名教师工作室举行"小学语文习作教学专题研讨"；2023年3月鼎湖区小学语文青年教师汇报课比赛；2023年3月24日联合肇庆市李少波名教师工作室、区教师发展中心开展送课下乡活动。

2022年9月联合肇庆市李少波名师工作室、鼎湖区小学语文名教师工作室与肇庆鼎湖逸夫小学开展"我最得意的一节课"活动；2022年6月联合肇庆鼎湖逸夫小学到昭平县昭平镇第一小学开展结对帮扶"送教下乡"活动；2022年6月联合肇庆市鼎湖区教师发展中心打造了以"经典筑梦、面向未来"为主题的"诗教中国"诗词讲解大赛活动。2022年5月联合鼎湖区小学语文名师工作室观看"名师优课"；2021年11月联合鼎湖区教师发展中心举行满两年青年教师成长课决赛；2021年10月联合鼎湖区小学语文名教师工作室与肇庆鼎湖逸夫小学开展"我最得意的一节课"活动。

工作室主动联合肇庆市鼎湖区教师发展中心开展对封开结对帮扶工作，工作室先后派出了谢玉兰、李少波、陈小东等学员到封开结对帮扶，同时2022年9月工作室联合封开县教师发展中心到封开县罗董镇中心小学开展送课活动。学员们采用"152"灵动课堂教学模式，充分展示了灵动有爱的"蒲公英"课堂特色。老师们都受到了封开县教师发展中心及支教老师所在学校的高度认同，还连续三年联合鼎湖区教师发展中心举行新教师培训工作，并得到上级领导的高度评价和公开表扬。

工作室在教育教学的各个领域与区教师发展中心和市、区名师工作室开展广泛的交流合作，取长补短，共同提高，真正做到了辐射带动，共促双赢。

六、名师成才，香溢满园

三年来，在主持人的引领下，根据工作室学员的培养规划，工作室学员触类旁通，在教育教学工作、自身专业发展、名师贡献等方面全面开花，获誉颇丰。

（一）坚守初心，迈向优秀

要成为名师，只有坚守自己的人生信念，保持一颗向上、向善的心，努力增加自己的强度和高度，让自己不平庸，才能从平凡走向优秀直至卓越。

经过三年的努力，工作室优秀教师队伍从数量、层次上都有了很大的提升。学员莫海容、李少波成为肇庆市名教师工作室主持人；陈玉燕老师被评为鼎湖区2021年优秀教师、鼎湖区教学能手；陈丽萍老师被评为鼎湖区教学能手；伍柳仪老师被评为鼎湖区优秀党员。梁湘老师在广东省小语会成立40周年纪念表彰中被评为先进工作者。

指导青年教师成长是工作室主持人及成员的职责。三年来，工作室多名学员指导青年教师获奖，累计各项获奖30多人次：如工作室主持人黄秀英和学员陈玉燕指导青年教师陈丽萍、黄惠珊、陈淑仪、吴蕾和张颖参加2022"诗教中国"诗词讲解大赛鼎湖区赛区，分别获一等奖4人，二等奖1人；同时陈丽萍老师和陈淑仪老师的诗词讲解课例被推送参加省级比赛。伍柳仪老师在"肇庆市第四届小学语文青年教师教学观摩活动"中辅导青年老师范雪贞参赛荣获一等奖，被评为优秀辅导老师。

（二）做好帮扶，共同提高

帮扶结对出成效，网络学员勤于学。根据省工作室文件要求，主持人和学员都要有帮扶结对的对象。工作室还要组建100人以上的网络学员群。每个老师都有自己的特长、优势，也各有需要提高的地方，于是我们认真分析每位老师的优缺点，对于她们好的地方，提出来大家一起学习，对于不足的地方，互相帮助其改正，让每一位教师在原有的基础上都能够得到一定的发展、进步，最后根据这些点，制订出了师徒结对计划，并根据计划开展一系列的活动。在三年的帮扶结对中，主持人黄秀英和学员们帮扶的对象都取得了喜人的成绩，网络学员们各项获奖累计300多人次。其中林瑶瑶老师在第七届"中国移动和教育同步课堂杯"远程教育教学资源征集与应用评比活动中的参赛作品《快乐读书吧——读读儿童故事〈神笔马良〉》荣获教师资源征集B类优胜奖；德庆县第六小学刘思玲老师的案例《为中华之崛起而读书》在德庆县2021—2022学年第一学期校本教研优质案例征集活动中被评为优秀奖。同时工作室联合肇庆市鼎湖区教师发展中心举行的"蒲公英微课堂·共享教育资源"鼎湖区小学语文微课教学资源比赛，网络学员们也积极参加，获奖人数达100多人。在城乡结对帮扶中，导师们也取得了一系列的辅导老师奖，共计100多人次。

（三）打造品牌，创出特色

品牌是工作室的核心价值体现，是资源、成果、理念、文化等的总和。工作室品牌价值的形成，对教师专业发展、课堂教学改革和区域教育优质均衡发展发挥着巨大作用。

工作室成立以来，我们根据工作室的自身条件设立了蒲公英文化、灵动的语文课堂教学模式〔五读（"试读—译读—悟读—赏读—延读"）范式、五学（独学、导学、研学、享学、延学）范式〕。五读模式主要应用在文言文教学方面，而五学模式主要应用在现代文教学方面。这两种课堂教学模式为我们在课堂上要质量，打下了夯实的基础。如2021年5月8日，工作室助手陈丽萍老师在鼎湖区教育局举行的鼎湖区中小学课堂教学改革实施方案启动仪式暨广东省黄秀英名教师工作室"152"灵动课堂现场展示活动中展示的《大象的耳朵》得到了区内外200多位听课老师的高度评价。专家点评：课堂环节设计生动，有效加强师生互动，为我们呈现了一节和谐、高效、灵动的课堂。又如2023年3月9日工作室结对的学员张颖老师采用五学灵动课堂教学模式参加满两年青年教师成长比赛课，获得第一名的好成绩，评委和听课老师一致点评这样的课堂模式把主动权还给了学生，能有效提高课堂的教学质量。正是在不断地探索与实践中，我们创出了工作室的特色——蒲公英灵动课堂教学模式。

（四）身在兵位，胸有将谋

工作室成立以来，我们关注基础教育改革发展的大局。如2021年的双减政策和2022年的新课程标准改革。工作室围绕《关于加强义务教育学校作业管理的通知》进行了大量的研究，最终根据本区、本校的教育教学情况实行了年级作业分层设计，有效地关注不同学生的需求。同时围绕2022年全面实施新课程、使用教材开展全员培训，重点提升教师新课程实施、学生发展指导和学科教学管理能力，落实任务群的教学指导。

工作室关注时事，了解教育新动态，不断创新教学模式，对区域发展起到了很好的引领作用。工作室坚持课堂教学改革，不断推动鼎湖区的课堂教学改革，创新教学模式，在课堂上出质量。工作室主持人所在学校每年的教学质量均保持全区第一名；2021年5月8日，由鼎湖区教育局举办鼎湖区中小学课堂教学改革实施方案启动仪式暨广东省黄秀英名教师工作室"152"灵动课堂现场展示活动；辐射带动偏远薄弱山区，如封开罗董、广西昭平、永安中心小学，派出谢玉兰老师驻点封开罗董中心小学帮扶，多次通过线上+线下的方式帮扶广西昭平和永安中心小学。又如：2022年新课程标准落地后，工作室还开展了学习任务群的案例研究，如我校张颖老师参加满两年青年教师成长比赛课以及我校举行的青年教师成长比赛课、学校的教研公开课、导师课，工作室一致要求所有上课老师展示的课例都要根据学习任务群的要求设计备课，上课，写课后反思。在工作室主持人的引领下，老师们的努力下，所展示的课例都得到了工作室顾问、区教师发展中心夏浩和部长的充分肯定。

岁月虽轻浅，时光亦激滟。三年来，广东省黄秀英名教师工作室聚焦语文课堂，务实求真，致力于把工作室打造成学习的共同体、专业的工作坊、教学的诊断所，把先进的教育理念、独特的教学风格、精湛的教学技巧、科学的教学方法，辐射到教师教学中，促进教师专业化发展，全面提高我区，乃至我市教育教学质量。

学如弓弩，才如箭镞，识以领之，方能中鹄。三年筑梦之路，我们是行者，是学者，更在努力成为智者，让繁花一簇，香溢满园。

第二章

灵动的教学思想

一个无任何特色的教师，他教育的学生不会有任何特色。

——苏霍姆林斯基

一位教师的特色体现在教师的教学思想上，灵动的教学思想可以把艰涩而枯燥的教育理论还原到故事中去，使抽象而复杂的观点变得通俗易懂，并通过对个体经验的揭示，探讨一种可以穿透教育生活的、归隐在经验背后的深层次哲理，从而在某种意义上成就教育。

小草也能绽放

"孩子，你可以自信点、声音再响亮点……"结果声音变得更小了……最后他头都不敢抬起。我无奈，只好示意他坐下。课下，我找到了他，在近20分钟的谈话中，他却只挤出了几个字："同学……都笑话我是……校草。"

一、望——细心观察，看清"面貌"

裴斯泰洛齐说："每一种好的教育都要求用母亲般的眼睛时时刻刻准确无误地看孩子的眼睛、嘴、额的动作来了解他的内心情绪和每一种变化。"一个科任老师要真正对本班的孩子做到全面深入的了解，是很不容易的事。工作中，我们要"立体化观察学生"，从原班主任、任课教师及学生家长那里了解孩子的基本情况、兴趣、个性等，并做好详细记录，以备后用。然后留心观察他们每天的细微变化：这几天为什么神色恍惚？今天为什么忧心忡忡？近期为什么在课堂上心不在焉……这些重要的信息，老师只有做一个有心人才会发觉，才能从实际出发，有针对性地及时开展教育工作。

自信是孩子们行为良好的基础，行为不良的孩子大多是自信缺失的表现。走进课室，趴在课桌上的小煜引起了我的注意。我使出浑身解数：语言提醒、小组夺旗……似乎都与他无关。当我与他有眼神接触时，他时而抱头，时而捂面，时而玩"玩具"……一切都有意而为。我压抑着心中的"怒火"，刻意装出无所谓的样子，继续"完美角色"的演出。课下，我回想课堂上"看"到的一切，久久坐立不安，脑子里总是浮现小煜"刻意而为"的画面。我把近几天的情景"重新播放"。我似乎找到了答案——那天他没有说谎，作业本不知落在哪里了。而我却选择了怀疑，还在课堂上把他"晾"在一边，漠视他的存在。导致了今天他也"以其人之道，还治其人之身"……我找到"症结"后，马上找小煜聊天，告诉他：老师相信你……并"借"你一天的时间，重新补回原来的作业。教师从细心观察中发现孩子的"症状"，对症下药，配出合适的"药方"。归属感和价值感是孩子们最大的需要，也是自尊心和自信心的主要来源。

处处留心皆学问。经常有针对性地观察，并且"看"得清楚，"看"得细致，"看"得全面，这在教师日常工作中是必不可少的。"只要你具有一双善于发现的慧眼，就不会'不识庐山真面目'，一定能够'见月晕而知风，见础润而知雨'"。

二、闻——耐心倾听，听全其声

我们常说老师是学生的良师益友。作为朋友，老师就要善于倾听学生的心声，了解他们的内心世界，再晓之以理，导之以行，如此才能真正成为学生学习和生活的益友。

班里有几个令人头痛的"捣乱大王"，找其谈话多次无济于事，写检讨数次，也都好不过三天。怎么办呢？我不得不静心深省……一天放学，我把他们请到办公室，和颜悦色地说："最近，我遇到了一个难题，一直解决不了，你们几个点子多，我想请你们帮我出出主意。"他们投来期待的目光。接着，我让他们对语文学科收发作业和家庭作业检查等问题提出自己的看法，并向他们征求意见。令我惊奇的是，这几个平日令老师头疼的"捣乱大王"竟颇为热情，那股积极参与的强烈意愿深深地震撼了我。是啊，待优生并非没有参与意识、没有责任感，是我们的习惯性眼光遮住了隐藏在他们身上的"光环"。作为老师，走进待优生，听听他们的心声并与之沟通是多么的重要！那次谈话后，我给他们委以特别的"重任"——作业规划局局长、作业监督局局长、作业运输大队长、作业收发员等。这些"头衔"既充分激发了"校草"的责任感，又突显了其存在感，从而帮助他们树立了自信心。

时时闻鸟语，处处是泉声。我们要演好"朋友"的角色，静听闻花落，你自然会看到"校草"的坚韧，看到春风吹又生的景象。

三、问——真心关怀，问明其想

学生需要爱，待优生更需要老师多给一些爱，而这诚挚的爱则来自老师那亲切的话语与细致入微的体贴和关怀。

晚托时，班上的"戏精"又出演了一场"苦肉计"——突然，安静的课室里传来断断续续的哭声，哭声不大，但十分凄凉。年轻的班主任闻其声连忙走过去问其原因，他表情十分痛苦，闭着双眼，低声说着："我肚子不舒服……"还时而发出呻吟的声音，但是始终没有眼泪。一旁的我已经习惯了他的"表演"，十分不耐烦地说了一句："你别演了，要哭到门口去！不要吵着同学学习！"听到我的话后，这个"戏精"又开始加"戏"了，哭声明显增大，双手捂着肚子，但是紧闭的双眼时而偷偷地瞄我一眼。我心里更加确定他不是真的肚子疼，而是"故技重施"。他时而趴在桌上哭，时而仰头痛哭，整间课室弥漫着"哭声"。这样的"剧场"没法让人活了，我只好把他带到楼道口单独交流。我使出浑身解数，他始终不开口。我说："老师单独与你交谈，是因为我喜欢你。"哭声音量有所降低，我知道有"戏"了。我马上饰演一个善解人意的"朋友"，与对手"交战"。我用力压住内心，双目凝神地看着他，右手搭在他的肩膀上，温和地说："你不舒服就不用回答我的问题，只要听就行了……""是不是不喜欢老师在课室里批评你的书写？"他捂肚子的手放下了。"是不是不喜欢老师在课室里叫你重写？是不是觉得很没有面子？我知道老师的语气有点过了，但都是因为太关注你了。"他睁开假装紧闭的双眼。"我相信明天你一定能给我一份满意的作业。"……这场堪称"奥斯卡金像奖"的"戏"终于拉下了帷幕。

这次我从"观戏"到"演戏"，让我更加体会到和善而坚定的正面管教能培养孩子的责任心与上进心，鼓励才能培养孩子的归属感和价值感，进而培养孩子的自尊心与自信心。学习生活中，待优生在如下情况下需要老师亲切、真挚地问：学生思想有疙瘩时、学生之间产生矛盾时、遇到困难时、受到挫折时、犯错误时……每当这时，老师应该主动接近学生，开展一次次真心实意的"询问"式解码。面对老师那暖意融融的关心和爱护，学生不会无动于衷，他会被感动的。

"泉眼无声惜细流，树阴照水爱晴柔。"这种人与"自然"（校草）亲密和谐的关系，进而可以使学生产生对老师的亲近感与仰慕心理，就会由于喜欢老师而倾心于接受他的影响。

四、切——切中生长点，唤起自尊

待优生更渴望老师的表扬和同学的认可。老师要了解这一点，给他们更多的关怀和爱抚，以唤起他们的自尊，"切"中其痛点、生长点，让学生发现并肯定自我的价值，这是促使学生充满自信的又一剂灵丹妙药。

第一次课堂小测，小良就考了个D。我想方设法贴近他，给予他更多的"关照"。然而，真正要找回他的自信并不是那么轻而易举的。他缺乏自信源于语文基础太差，所以必须设法提高他的学习成绩。第一次批改他的作文，存在不少"毛病"：全文只写100多字，错别字就有15个，作文一段到底……于是，我当场面批指导，然后让他订正修改，反复改了两次，终于把第一篇作文修改好了。第二篇习作交上来一看，内容丰富了许多，写了近400字，而且分清了段落，尽管语句还不够通顺。看到他有如此大的进步，我送给他"秋天第一杯奶茶"。这杯超大容量的"珍珠奶茶"让他尝到了成功的芳香与喜悦，之后每次习作都主动找我面批。

孩子的心灵就像一片绿洲，需要我们给予阳光和雨露，卸掉他们身上的"包袱"，"小草"也能绽放自信。

玩味课"糖" 善爱育人

庚子初春，"疫"样天空，孩子们宅家学习，老师线上如何做好班级管理，激起学生的学习兴趣？复学后如何做好孩子的心理疏导，回到正轨呢？孩子们都爱"糖"，在班级管理上，我就投其所好，经常爱"糖"出花样，给予孩子们鼓励、关怀与爱护。

一、"糖舌蜜口"，到处十枝五枝花

2020年2月17日开始，孩子们按照"宅家空中翻转课堂"课程表，有序地参加线上学习。开学初，"新生事物"的热度非常高，孩子们特别上心，准时参加线上学习。但一周后，"热度"慢慢下降了。作为副班主任的我看在眼里，急在心里，怎么激起学生的学习热情，让他们全身心投入学习呢？我先来一招——"糖舌蜜口"，用充满正能量的鼓励性的评价，再现课堂无限春光。

每天的线上学习开始时，我会提前30分钟通过"钉钉"平台"钉"每一个孩子，内容是"今天早上9：00老师与你有个约会，希望你准时赴约哦！""昨天我们的学习十分愉快，老师用心准备了今天的'大餐'，希望你喜欢……"线上授课时，我也从不吝惜自己的唇舌，"你的回答让我看到了不一样的你""你的坚持让我能量满满""今天你准时上课真让我高兴"……每天学习结束后，我都会通过"钉钉"小结，发布"我想对你说"——"昨晚我准备课件、学习资料等到深夜，早上起来还困意浓浓，但是看见你们准时上线赴约，我感觉有神灵附体，精神百倍。""今天，十分感恩你们不介意我的'熊猫眼'，明天我们再准时相约。"……

课堂上教师的"糖舌蜜口"是师生间思想沟通、感情亲近、知识贯通的亲和剂，让课堂呈现一派春光无限的景象，到处十枝五枝花。一句简单的课前提醒，一句有温度的课堂鼓励，一句交心的课后语让孩子们准时与我在线学习，100%完成线上作业，参与师生互动达90%以上。

二、"糖衣炮弹"，风恬日暖荡春光

线上教育缺乏情感注入，虽然老师上课的时候会想一切办法调动学习者的情绪，但是毕竟学习者是面对一个冰冷的机器，情感上的交流更多地需要靠人与人真正的接触才能获得的。那"隔空授课"如何得到师生的情感体验，调动学生的情绪呢？——"糖衣炮弹"，把孩子们都喜欢的"糖"带进课堂"攻陷你"。

留守儿童小杰原本就是一个自觉性差的孩子，疫情期间更加肆无忌惮了，想吃就吃，想睡就睡，线上学习根本不在他的"日程表"。每节课前20分钟，我就给他爷爷发短信，催促小杰起床、上课。即使这样，他也只在线上"昙花一现"，最后五分钟才进入课堂。课下，我还是十分慷慨地给他爷爷、父母的微信发去一颗"糖"——动画小糖人。一周下来，小杰有些许改变了，基本能按时上课。我加大投入，他准时上课，我发去两颗"糖"，或者"糖果红包"；准时上交作业，我发去三颗"糖"……我从私发给小杰的家里人微信，转向到班群里公开发，提高"糖果"魅力。终于，小杰被我的"糖衣炮弹"攻陷了——上课不再迟到了，按时上交作业了，偶尔还"钉"一下我，请教不懂的问题。小杰把收到专有的"福利"发到班群里，孩子们都看在眼里，记在心里，一时掀起了"糖果"热潮——每节线上学习后，孩子们都抢着推介自己，盘点自己的所得，向我"邀功"。我来者不拒，准备一堆"福利"，让孩子们尽情享用：准时在线"糖"，积极互动"糖"，准时交作业"糖"……上课不用我提前"钉"，作业不用"钉"，课堂互动不"愁"……课堂上风恬日暖荡春光，这"糖果"风暴彻底地"攻陷"了他们。

三、"拿糖作醋"，便觉春光四面来

"疫"样天空，孩子们宅家学习，宅出一串问题：抄袭作业、上网成瘾、不爱与人交流、害怕上学……复学后，我们该怎么与孩子们走出"异"样的天空呢？我"拿糖作醋"，表面上对孩子们的"过错"漠不关心，装腔作势，上演了几出好戏。

　　复学后，班上的小成、小锦、小东和小宇四大天王更"长进"了——上课打瞌睡、发呆，不愿意与家长、老师、同学等交流，课后不做作业，想方设法欺骗家长。我马上意识到情况的严重性，多次与家长电话、微信沟通，结果真不出所料：回到家里，锁门躲在房间里专心"研究课题"——打手游。这种"破玻璃效应"像风一样的速度在班上传开：不写作业、抄作业、深夜躲在房间玩手游的孩子越来越多。于是，我马上通过电话、微信开展"打手游"的普查行动，接着我交代家长与我合作演一出《拿糖作醋》的好戏。开演前做好铺垫，我对不交作业、打游戏的同学摆出"漠不关心"的样子，既不批评也不过问，然后每节课课前开展"成功背后"一分钟分享，分享《球星姚明》《马云创业故事》等名人故事，让孩子们心灵受到启迪。《拿糖作醋》正式上演了，首先，每天的家庭作业我布置两类供学生选择：一类平时的书面作业，另一类是"打手游"，要求学生两类作业只能选择一类，第二天早上回来调查汇报、谈感受。刚开始两天学生们极度兴奋，几乎都选择了"打手游"。到了第三天，学生的选择开始发生了改变。这时，我顺势而上，由选择"打手游"改为选择书面作业的同学谈感受，想方设法挖掘这些孩子的"闪光点"，拿"糖"作醋。课前预习、上课举手发言、上课坐姿端正、书写漂亮等，我亲自给他一颗"棒棒糖"，并道上一声："你有进步！我很开心。"《拿糖作醋》上演的第二周已经达到我想要的"收视率"了——选择"打手游"的同学已经所剩无几了。

　　一叶知秋，一花也可知春。学生的选择发生了变化，我便觉春意盎然四溢。于是，我与家长继续联手打造《拿糖作醋》续集。首先，我召开了一节主题为《中国的天眼》的班会课，通过视频、小品、新闻报道等让学生了解中国的卫星定位已经位于世界前列，相信我们的一言一行都可以精准定位。班会课上，我还特意邀请了班委会小蕊同学的公安爸爸，让他亲自讲授《网络歧途》的典型案例。班会课尾声，我进行"结案陈词"：孩子们，"少壮不努力，老大徒伤悲"，"打手游"能换来美好的将来吗？（学生沉默）现在学校多方联合对未成年人"打手游"进行整治，今晚就开始行动。课下，我叮嘱相关家长从今天晚上悄悄断开家里的网络，并上演一出"蒙在鼓里，毫不知情"的苦肉计。接着，我仍不动声色，利用课间、放学时间督促这几个"天王"完成作业。一周下来，果然不出所料，班长汇报，四大"天王"欠交作业的次数少了许多，而且课堂精神也有所好转。

《拿糖作醋》的收官时机到了，班会课上我拿出了一桶"棒棒糖"，奖励本周进步之星、上课认真听讲、按时完成作业、课堂积极举手、书写工整……能说得上来的名堂，我都一一发了"糖"，并附上一封表扬信。最后，还来个大合照，发到班级群，与家长一起分享。这样便觉春光四面来，既收住了孩子们的"心"，也得到了家长的欢心，相得益彰。

美国罗森塔尔效应实践证明：如果教师喜爱某些学生，对他们会抱有较高期望，经过一段时间，学生感受到教师的关怀、鼓励和爱护，会更加自信；反之，学生也会以消极的态度对待老师、对待学习。因此，我在班级的管理过程中，无论是"糖舌蜜口""糖衣炮弹"，还是"拿糖作醋"，都是想"糖"出花样，都是想给予孩子们一颗善爱之心，让孩子们感到老师的关怀与鼓励，让孩子们在"疫"样天空中，看到彩虹。

回归小学语文教学的原点

——《伯牙鼓琴》三次教学思考

乱花渐欲迷人眼，浅草也能"绊"马蹄。如不矫正不姓"语"的语文课堂，我们在小语路上将会越走越远。通过《伯牙鼓琴》的三次教学我从中领悟到了课风要"简朴"，"淡妆浓抹"总以"相宜"为妙，语文课要有语文的味道，甚至语文课要比语文更有味道。

一、语文是语文

《义务教育语文课程标准》明确指出：语文课程是一门学习语言文字运用的综合性、实践性课程，要致力于培养学生的语言文字运用能力，提升学生的综合素养。幼儿语言发展规律是1岁左右会喊爸爸、妈妈；2岁左右会说50个以上的单字，会理解人说的70%的意思；3岁左右幼儿的语言发展基本成型。勒纳伯格提出，3岁后随着儿童的成长，负责语言的大脑不断成熟，而语言自然能得到发展并不断成熟。我们在语文课堂上落实语言文字训练，创设语言环境，培养学生语言能力，是责无旁贷的。

在人教版的《伯牙鼓琴》备课中，我把《教师参考书》里的知识点一一挤进课堂。首先，学生读完课题后，我就顺势介绍伯牙和子期，再让学生说说课题的意思，训练学生语言的能力。其次，帮助学生扫除生字词障碍，指导学生读准课文难读的生字词，如"善哉、兮、峨峨"等，为下面朗读课文做好铺垫。接着，屏幕出示划分节奏、标识重读字音的句子，降低朗读的难度，这样设计是为了更好地培养学生的语感，更易把握停顿，读出节奏，读出情感。再次，让学生分小组借助注释理解句子意思，再指名汇报，帮助学生提高语言的表达能力。最后，采用多种形式背诵小古文，培养读小古文的韵味、积累小古文的词汇。这节课给它"扎扎实实"的标签是当之无愧的，从字词句挖掘了所有语用，并一一落实。然而这样的语文课过于单一，形式单一，目标单一，只是学生语言从朗读、理解句义中得到了训练，但是本课的音乐艺术所呈现的画面感、丰富感人的人文情感就完全被抛到九霄云外了。

二、语文还是语文

我在《伯牙鼓琴》的备课中，把看到的声、光、电的教学手段引入自己的语文课堂。首先，我便以音乐《高山流水》导入，让学生迅速进入学习古文的意境，整体朗读课文后播放《伯牙鼓琴》的小动画，在学习"伯牙破琴绝弦，终身不复鼓琴"时，也以哀婉动人的音乐加以烘托，让学生入情入境地体会伯牙那种悲痛欲绝的心情。其次，来一个"情境再现"的分角色演读。最后，让学生在音乐《高山流水》的伴奏下，再次配乐诵读课文，感受伯牙和锺子期那种知音情谊。洋洋洒洒四页纸的教学设计稿，看到每个环节都运用了音乐、动画、表演，心里还泛起了一点自喜，想象着入情入境的孩子，一个个声色俱全的教学环节。终于到了"表演"时刻——原来预设的音乐能把孩子带入情境，结果是带进了"情"未能带进"境"；原来预设的"情境动画"可以让学生"读有榜样"，结果学生句子也难以读通顺，更别说节奏与感情了；原以为"分角色演读"是课堂"亮点"，结果学生笑着演完了，其他同学也在欢乐中看完。本次演出以"失败"而告终。

课堂只追求形式上的改革，在声、光、电等教学手段上猛下功夫，学生是很新奇、很喜悦，可却失掉了教学之本，学生最该掌握的没有讲透，学生最该探究的没有时间探究，弄得自己哭笑不得。原来语文不是这样的。

三、语文就是语文

在教学中，我曾一度想"登旧船"，重复着昨天的故事，但头戴"名师"却又不敢轻易言败，咬着牙继续前行——第三次执教《伯牙鼓琴》（统编版）。

小语人都知道让学生"读"，许多老师就是为"读"而读但是为什么读、读什么和怎么读呢，根本没有做这样的思考，所以课堂上读得没有层次，没有目的，杂而乱，自然学生的收获也是杂乱无章的，最终语言训练不能成型。在《伯牙鼓琴》教学中，我采用"试读—译读—悟读—赏读—延读"五读教学法，层层推进，环环相扣。宋代学者程颢说：凡看文字，先须晓其文义，然后可求其意，未有文意不晓而见意者也。首选试读，采用多种形式帮助学生扫除朗读障碍。文言文诵读的关键是领会课文的内容和字词句的准确意义，如果对字词句不求甚解或对课文整体理解模糊不清，那么背诵起来就会感觉力不从心，不管读多少遍都没有多少印象，并且对课文的内容还是一头雾水。在多次诵读之后，静下心来，默默地译读一两遍是非常必要的，帮助学生对关键语句的理解，译读的主要目的是结合注释和课堂资料弄清字句意义、疏通全文大意、把握结构安排，为背诵全文奠定记忆的框架基础。接着悟读，学生的认识在前面阅读基础上的升华，让难懂的静止的文言文动起来，达到一种可闻、可见、可感的意境，理解文本，体会情感。然后是赏读，读出文章的感情，就是要求读出文章的语气和语势，表现出文章中抑扬顿挫、跌宕起伏的节奏感，是"激昂处还它个激昂"，是"哀伤处还它个哀伤"，还原文章的"本来面目"，读中升华情感。最后延读，课末或课下布置延读内容，通过"读一读、背一背"达到课结束，意未尽的效果。

古语有云："读书百遍，其义自见。"对于宜于"意会"而不宜于"言传"的文言文，"反复诵读"是最好的也是最为有效的手段，我们要像"剥竹笋"一样层次分明地去反复诵读，由浅入深，由易到难，由单一到多元，在吟诵中感知、理解、品悟，最终心领神会。

我还走进了窦桂梅的《回到教育的原点》，"语文学科的学习，凭一本语文书，一篇课文不能满足学生发展的需要。语文教材已经不是学生唯一的学习资料，我们在认识上要打破教材作为唯一课程资源的神话"。是啊，作为教师，首先要有这种课程意识，才能把教材看作是实现"课程标准"要求的手段，认真地学习课本教材，做到科学地"补白"，并能准确地加工整合教材。我回忆前两次《伯牙鼓琴》的"教学足迹"，学生难以走进文本，难以与文本产生共鸣，学生对于伯牙与子期一见如故、相见恨晚的情感产生怀疑与不解……于是，释题时我就对"琴"的来历和伯牙的琴技进行补白，让学生了解这是一把琴中"绝品"，伯牙有一手"绝技"。然后学习第二、三句，感受其知音时，我补充了伯牙与子期"第一次见面"的相关资料，让学生感受孤独的伯牙突然偶遇一知音的兴奋，为学习下文做铺垫。接着顺势而上，出示"子期"的墓碑，插入"老人弹《高山流水》视频"，把学生带入情境，读最后一句。学生渐入佳境，我再"补白"课后资料袋的诗句和瑶琴的"六不弹七大忌"，充分让学生感受伯牙的"绝望"。最后立足课堂，超越课堂，依托教材，超越教材，拓展"嫦娥一号"把流水带入太空的视频，让学生明白，人生世事变化无常，不用如此"绝望"，知音可再觅。我擦去原来的板书，画上"高山流水"简笔画，写绝唱，让孩子带着体会诵读全文，与文本产生共鸣。

课堂上书声琅琅，入情入境，学生为伯牙得一知音而兴奋，为伯牙失去知音而痛心，为"嫦娥一号"带来的惊喜而对未来充满希望。课堂以"读"为主，简单而又有高度，学生回答与朗读灵动而富有情感……原来语文课堂回到教学的原点会有这样的惊喜。

大道至简，语文课就是习语学文，我们不必困惑，不必盲目模仿，不必生搬硬套，备课时只要脑中有教参，眼中有学生，心中有教材，让学生站在课堂的中央，就可去除繁复纷乱。回到语文原点，我们切记语文姓"语"，小语姓"小"，崇尚"简单"原则，轻装上阵，就可以"语"中繁花一路！

灵生慧　动生效

苏霍姆林斯基说过："课堂是一个人追求成为思想家的第一个摇篮。"有什么样的教育思想，就会教出什么样的学生。灵动课堂的教育教学目标就是要让课堂活起来，有效规避无效教学。在课堂教育教学目标十分明确的前提下，追求十分清晰的生动的教学方法和灵动活泼的教学过程，这是语文学科的灵魂。灵动课堂对于老师而言，是灵慧的教学设计、灵妙的教学过程、灵巧的课堂用语和灵奥多元的媒介；对于学生而言，就是灵活的学习方式。

一、灵慧的教学设计，唤醒灵动的灵魂

灵慧的教学设计指的是找到教材"灵动点"，基于"语言成型、审美成型、情感成型和思维成型"四个成型理论，系统性地进行设计。教材解读要有一定的深度，找到"课眼"，才能找到课堂的生命力。《伯牙鼓琴》抓住"绝"的课眼，设计了"绝技""绝品""绝望""绝弦"，让学生走进这千古的"绝唱"。《山居秋暝》找到课眼"空"，让学生感受王维隐居终南山的辋川别业的空寂，体会王维的"空心"，不追求朝廷的名利，过着半官半隐的生活。课眼直指教学目标，好的课眼是课堂的灵动点、聚集点，能激发学生的思维认知、行为能力和情感活动。

二、灵妙的教学过程，培养灵动的思维

学习语文规律就是"熏锅屋"；不是吹糠见米，而是水滴石穿；不是速成，而是慢功。好课永远是有缺陷的课，每一节课都是"待完满"的课堂教学，许多教师喜欢追求"完美"课堂，习惯于"满堂灌"，习惯于"不讲不放心"。其实，教师不要急于教给学生什么，更不要满足于教给了学生什么。艺

术需要留白，生活需要留白，课堂同样需要留白。课堂上，教师适时创设灵动的悬念，创设灵动的学习情境，设计灵动的学习任务，让课堂存在足够的"未定点"和"不确定性"，千方百计唤起学生的求知欲望，点燃学生灵动的智慧火花。学生畅所欲言地、手舞足蹈地、浮想联翩地、兴趣盎然地参与到教学过程中来。教学中，我们应该创设一种"海阔凭鱼跃，天高任鸟飞"的广阔灵动空间，学生思维在这"空间"中得到冲击，逐渐得到"完满"，享受灵动课堂的喜悦。

教学模式是一定的教学理论或教学思想的反映，是一定理论指导下的教学行为规范。不同的教育观往往提出不同的教学模式。

我们灵动的课堂，课始5分钟巧用"诵一诵""默一默""测一测""演一演"等活动，迅速聚集学生注意力，激发学习兴趣；课中25分钟创新教学方式进行高效授课，提升学习能力；课末10分钟灵活拓展，重新聚集注意力，培养学生核心素养。

灵妙的课堂从教师、学生和教材立体化视角关注课堂，在课堂中践行"灵动"的教育思想：因材施教、因人施教，做到教与学以及评价方式的转变，培养学生"五种智力因素"，全力打造高阶思维的"灵动课堂"。

三、灵巧的课堂用语，激活灵动的氛围

是柴火，都可点燃；是好柴火，只一把火就可使其熊熊燃烧，且一发而不可收。灵巧的课堂用语就是一把"好柴火"。艺术性、积极性及多变性的课堂用语如同画龙点睛，是沟通师生情感、智慧、兴趣、态度等内容的桥梁。教师充满魅力的评价语言会让课堂充满生机，焕发出人文气息。工作室助手陈丽萍老师执教《爬天都峰》，在朗读训练中："啊，峰顶这么高，在云彩上面哩！我爬得上去吗？再看看笔陡的石级，石级边上的铁链，似乎是从天上挂下来的，真叫人发颤！"一名学生读得很流利，但没有感情。陈老师是这样引导的："你读得很流利，很响亮，没有读错一个字。如果你能读出天都峰的险，让人有发颤的感觉就更棒了。"陈老师准确地把握到学生朗读的信息，并及时反馈。既指出了学生的长处，又给出了改进的建议。

夸美纽斯说："教师的嘴就是一个源泉，从那里可以涌出知识的溪流。"好的评价语好比春雨"随风潜入夜，润物细无声"，起到潜移默化的作用，让

课堂变得生机盎然。

四、灵奥多元的媒介，辅助灵动的教学

灵动课堂要利用云储存、微课、国家资源平台等，打造资源包，便于辅助教学。教学《蜘蛛开店》时，上课伊始借助互联网下载的课文多媒体动画，再配上教师的朗读，一下子把二年级的学生带进文本。教学《搭船的鸟》时，课末借助微课视频，鼎湖山的白鹭鸟的外形、飞行等一下就形象呈现在学生的眼前，拉近了生活。学生精彩的小练笔就跃然纸上，本节课的教学重难点就在多元媒介的辅助下突破了。《我要的是葫芦》是二年级上册的一篇童话故事，课末播放了一个葫芦生长过程的微视频。文中"种葫芦的人想要葫芦，到最后为什么却一个也没有得到"，学生在直观的、生动的微课视频中找到了答案。二年级学生以形象思维为主，通过观看微课视频进一步深化了教学的重难点，避免了教师过多、烦琐的分析和引导。

"运用之妙，存乎一心。"要有心，要用心。什么教学手段都在一个"心"字上。教学中多元媒介不能乱用，更不能滥用。课前用心解读教材，精心设计教学环节，巧用灵奥多元的媒介才能更好地辅助教学，从而激发学生的兴趣，激活课堂的氛围，激灵课堂的评价，激化学习的方式。

五、灵活的学习方式，增强学习的能力

灵动课堂对应的是探究性、创新性、拓展性学习。让学生灵动的思维贯穿于课堂，主动寻疑、质疑；自主探究、分析；在勇于表达和自由交流中获得知识，掌握方法。五年级下册第二单元围绕"拓展型任务群"的整本书阅读，首先让学生自主阅读，教师指导学生采用浏览、略读、精读等多种阅读方法走进自己喜爱的名著；其次开展语文实践活动，让学生采用小组合作的方式建立读书共同体，开展读书会，分享阅读经验；最后合理推荐拓展阅读书目《红楼梦》《三国演义》《水浒传》及相关的精彩视频，借助信息技术拓展学生阅读的空间和交流的平台。学生在事、景、情、意的拓展性学习中、交流阅读中遇到的问题，积累整本书的阅读经验，养成了良好的学习习惯，增强了语言能力。

灵动的语文课堂，以学生为中心，以学定教，指向学生的核心素养，我们不断地创设一种"海阔凭鱼跃，天高任鸟飞"的广阔灵动空间，学生思维在其中得到不断的冲击，以任务为驱动，逐渐"完满"，享受灵动课堂的喜悦。

万紫千红总是春

——巧用信息媒介激发学习兴趣

爱因斯坦说过："兴趣和爱好是最好的动力。"我国古代教育家孔子也曾说过："知之者不如好之者，好之者不如乐之者。"没有兴趣就没有求知欲，激发学生的学习兴趣是学生获得知识和技能的一种力量。信息技术的引入，就像课堂教学中的一个"魔术师"。在激发学生学习兴趣方面，有着得天独厚的优势。它可以借助声、光、影、像，化远为近，化虚为实，把大量的感性材料直接展现在学生眼前，使教学内容更加具体、生动、形象。在教学中灵活运用信息技术，能激发学生的学习兴趣，起到"一石激起千层浪"的效果，创设出浓郁的学习情境，营造出"万紫千红总是春"的胜景。

一、激趣导入，创设情境的催化剂

导入新课，是课堂教学的重要一环。俗话说："好的开始是成功的一半。"在课的起始阶段，如何将学生的身心一下子集中到课堂，把他们思绪带进特定学习情境中，使他们全身心投入学习中，这一点至关重要。运用信息技术导入新课，能有效地开启学生思维的闸门，激发联想，激励探究，为一堂课的成功铺下基石。

如教学《月光曲》一课，讲课伊始，我先利用多媒体出示贝多芬画像和他的名言："我的音乐只应当为穷苦人造福，如果我做到了这一点，该是多么幸福。"随后播放贝多芬的《月光曲》，用图片再现贝多芬当时作曲时的情景，伴随轻柔的音乐声教师轻声介绍贝多芬。幽静的月夜，那生动的画面，教师声情并茂地介绍，让学生进入一个有声有色的动感画面，仿佛自己也置身其中。

这样，情随境生，学习的兴趣立刻被激发起来。

又如教学《詹天佑》一课时，课始我设计了这样的flash画面：居庸关风景图、八达岭风景图、居庸关至八达岭的铁路及沿图的风景、京张铁路可到达的旅游胜地、詹天佑铜像。动画媒体课件的使用一下子引燃了学生的好奇心，促使他们产生了一连串的疑问：詹天佑是谁？这条铁路是怎样修筑的？修筑的过程中遇到了什么困难？……这样有价值的疑问，为课文的学习奠定了基础。

二、入情入境，渲染情感的添加剂

《义务教育语文课程标准（2022年版）》指出："在主动积极的思维和情感活动中，加深理解和体验，有所感悟和思考，受到情感熏陶，获得思想启迪，享受审美乐趣。"但在语文课堂教学中，有时会出现一种让老师感到尴尬的情况：一篇情深意切、打动人心，甚至催人泪下的课文，教师早已入情入景了，可是学生却显得有些冷漠，无动于衷。究其原因，是因为文本内容与学生的生活实际有一定的距离，学生缺乏真实的情感体验。而合理运用信息技术，能帮助我们创设氛围，渲染情感，进而产生"未有曲调先有情"的局面，收到事半功倍的效果。

同样，教学《月光曲》一课时，用多媒体播放"月色海天"的图画，即"月亮升起，海面平静""月亮升高，穿过微云""月光照耀，风起浪涌"，并配与"月色海天"图画相对应的《月光曲》的三句乐段，即轻松舒缓的、渐强发展的、高昂激越的，教师再富于感情地朗读三层文字。这样，短短几分钟的多媒体展示，以图画展现情景、以音乐渲染情景、以语言描绘情景的方法被有机地结合起来。音乐、美术、语文三门学科成为水乳交融不可分割的整体，深深地撼动了学生的心灵，从而突破了重点，并让学生分辨了事物和联想。有了这样的"铺垫"，学生的感观得到震撼，对课文的理解也会水到渠成，思如泉涌。学生的情感也被激发了，产生了共鸣，得到了升华。

三、有声有色，感情朗读的强化剂

朗读是书面语言的有声化，具有移情、激趣、引起共鸣的作用，运用传统的教学手段指导朗读，在情感的调动、情境的营造、意境的复现等方面都难以调动学生入情入境。而运用信息技术展示直观化、具体化的画面，创设一种与"语言文字"相吻合的情境，让学生通过现代信息技术真切地感受到其中的"情、境、意"，学生便会自然地进入文字中，真正做到用心去读文章。

如在教学《卖火柴的小女孩》时，首先出现一个动画展示，然后精心设计与课文内容相关的图片：圣诞节的温馨、小女孩的美丽、小女孩的祈祷、温暖的火炉、喷香的烤鹅、慈祥的奶奶。学生每读到课文相关的内容时，便出示相关的图片，通过画面的拉近、拉远，更迭、定格，让学生体会、感受，反复朗读表示画面的句子，并播放温馨而又凄美的小提琴音乐。在视觉记忆和听觉记忆活动中，学生的注意力便牢牢地被吸引住了，每个学生都自觉地用动情地朗读来配合生动形象的画面。在画面与音乐的交融中，学生充分感受小女孩临死前看到的美好幻象以及她渴望温暖、幸福的情感。在此基础上，对学生进行朗读的训练，事半功倍。

又如在教学《春夜喜雨》时，我紧扣题眼"喜雨"进行教学。教学伊始，我借助多媒体，播放"呼呼的风声、淅沥的雨声、爽朗的笑声"这一组音乐，让学生聆听、想象。"牵一发而动全身"，学生纷纷举手，有的说："我想到：风呼呼地吹，雨哗哗地下，一群孩子在雨中玩耍，欢笑着。"有的说："我想到：风婆婆抚摩着大地，雨姐姐哼着歌……"还有的说："我想到：唐代孟浩然的诗《春晓》，春眠不觉晓，处处闻啼鸟……"此时我顺水推舟，借助马迪的排箫《春夜喜雨》乐曲，宁静悠远的排箫声，幽雅含蓄的古筝声，让学生有感而发地诵读《春夜喜雨》。合理运用音乐、视频直奔主题，使学生不知不觉用朗读来诠释诗意诗情。

在教育技术现代化和信息化的今天，作为学科教学如何做到与信息媒介有机整合，这是发展的必要。我们要充分认识到信息技术在课堂教学中运用的利与弊，巧用信息技术，该出手时就出手，让语文课堂教学呈现"万紫千红总是春"的美景。

多元媒介有效融入作文教学的初探

学生作文是一种复杂的心理过程，它涉及多种知识和能力的综合应用。当前作文教学普遍存在着重"知"轻"能"、重"外"轻"内"、重"写"轻"说"、重"文"轻"境"的问题。随着科学技术的发展，在教学改革向纵深发展的今天，现代教育技术手段进入课堂教学已成为趋势。多媒体网络以其特有的科学性和高效性，显示出其独特的魅力。教师在传统教学方法的基础上，引入多元媒介改进作文教学。网络技术的运用，为学生提供了丰富的感性素材，为教学联系生活实际提供了条件，扩大了学习时空，激发了学生作文兴趣。利用多媒体网络技术为传统的作文教学注入新的内涵，让作文与网络同行，使我们的作文教学改革出现了一个前所未有的飞跃。

一、设立习作主页，教学手段网络化

多媒体网络给学生的写作方式带来了深刻的变革，给作文教学赋予了新的内涵。在多媒体网络上，教师与学生建立班级习作主页，能实现自主收集、主动表达、互动交流、合作探究及多元评价的教学模式。

首先，在主页上，根据学生习作特点，设置各种多彩主页板块，如童话王国、动物乐园、童年趣事、我爱我家、走走看看、奇思妙想等，指导学生自定网名注册进入，人人成为主页主人，充分发挥主观能动性，积极参加主页的建设与管理。由于板块分类设立，增加了学生习作选择的余地，拓展了写作空间，学生可以自由地在自己喜欢的板块里，用网名自由表达独特观点，在情景交融中创设任意驰骋的空间。班级习作主页，让学生享受到了真正的写作乐趣。

二、情景交融，题材选择网络化

在网络环境下，写作过程应该是全体学生积极参与、全方位开放的过程。但在教学实践中，我们却常常发现学生写作资源贫乏，觉得"无话可说""无事可写"，从而"怕写"。所以，作文教学应从内容入手，而内容的来源就是体察生活。

首先，我们应引导学生将写作视野面向多彩的社会生活，让他们关注、调查、分析、思考社会中的各种复杂现象，提高洞察力，增智广识。但小学生生活阅历少，无法深刻体察生活，因而写作题材具有局限性。而网络环境，拥有大量的资源，画面形象直观，色彩鲜明，具有形、声、色并茂的特殊功能。学生能借助基于网络环境搜索到的大量资源，体察生活，加深对事物的认识，丰富写作素材，自由地发表文章，还可以进行师生之间、生生之间、学生与家长之间的互动交流。

如部编版四年级下册《我的动物朋友》，教师指导习作时播放小乌龟的生活习惯、趣事等微视频，再反复对话唤醒学生对语言的感觉、对情感的知觉，然后依据学情再反复观看微视频。这样借助多元媒介指导学生多感官描写，为学生的创意思维提供了更多的可视化素材，从"微"入手，引领孩子们走进动物世界，了解"真"习性，写出"真"朋友。

又如指导创作仿写作文《龟兔的第二次赛跑》，让学生通过网络收集大量信息，把一些现代科技知识，如雷达微型器、红外线导航仪、激光追踪装置等视频内容运用到写作中，使文章充满新的生机，极富创意。

三、创设情境，习作训练网络化

我们知道，传统的语文教学只注意从语言到语言，不注意启发想象，学生只习惯于左脑思维，致使其左右脑发展不协调，创造思维能力低。在教学中我们常常体会到教学内容和方法的新颖性、多样性、趣味性，是吸引学生注意、激发学生动机、提高学生积极性的重要条件。作文课前教师有意识地将学生外出活动的情景、生活中的画面、大自然的美景录制下来，经过编辑加工，制成影像视频。在课堂上利用多媒体广播功能先放一段精彩的画面，例如，写《春天》，先向学生展示春天绚丽多姿的画面：湛蓝的天空、嫩绿的柳叶、青青的麦苗、繁花似锦的果园……这些景象把学生带到一个崭新的教学环境之中，进入了本次作文所需要描写的情境之中。如部编版五年级下册习作单元《刷子李》课末的小练笔环节，先提前录制班级篮球比赛视频，接着加工剪辑成两个微视频——"小球星"运球投篮精彩一瞬间和啦啦队加油鼓劲，然后边指导边播放两个微视频，再引导学生运用本节课的正面描写和侧面描写的方法，小练笔自然就水到渠成了。

通过创设情境，提供交互式的网络图像来指导作文，不仅提高了学生写作的兴趣，活跃了课堂教学，而且发展了学生的观察力和思维能力，发展了学生的素质。实验后调查得出：对作文兴趣高的占75%，认为教师用网络技术有效融入进行作文教学后写作水平提高较大的占82%。

四、自主作文，合作探索网络化

自古以来，就有学者提倡合作学习。孔子曰：独学而无友，则孤陋而寡闻。又曰：三人行，必有我师焉。合作探究学习，是现代教学的重要特点。现在是信息社会，信息技术日新月异。学生习作合作探究，应该实现自主开放，与老师、学生、家长自由自在地探讨，提高学生主体学习的效率。

例如，指导学习《我是地球的清洁师》时，首先指导学生在老师的学习提示下，在网络浏览大量环境保护的资料，了解人们为了保护环境而采取的各种措施，然后分享师生互相之间的心得体会，并在主页上大显身手，自由地发表文章，自由地欣赏同学的习作，并对自己感兴趣的文章进行阅读评点，也可以根据同学在主页上的留言，对自己的习作进行修改。

五、愉快反馈，多元评价网络化

老师对学生习作要花很长时间精批细改，而后做评价，但学生此时已对这次作文兴趣消失，这是传统的教学模式。而班级主页的建立，让学生有了课后自主交流的空间。学生将自己认为好的作品发表到网上后，会收到来自校内外的点评意见，会得到各种中肯的修改意见，而及时进行修改；也可以享受到老师、同学、网友、家长的欣赏和鼓励。

随着信息时代的发展和进步，基于现代教育技术下，多元媒介与作文同行，其独特的魅力，必将给整个作文教学带来勃勃生机。

参考文献

［1］何克抗.现代教育技术与创新人才培养［J］.现代远程教育研究，2003
（1）：12–18.

［2］徐秀琴.跨越时空的习作教学——网络作文教学探寻［J］.赤峰学院学
报：作文教学研究，2012（1）：94–97.

功夫在"诗"外

——浅谈生活积累与阅读对写作的影响

在平时作文教学中，教师与学生常常有这样的困惑：教师作文教学水平很高，公开课、评优课上得知识精练、引导得法、气氛热烈；学生态度端正，上课苦思冥想，下课刻苦练笔，但在写作时仍感到没什么可写或千篇一律、毫无新意。这是因为，教师与学生只重视了写作的"一条腿"——写作训练，而忽略了"另一条腿"——生活积累与阅读，即古人爱说的一句话"功夫在诗外"。下面我重点谈谈生活积累与阅读对写作的影响。

一、生活对积累的影响

（一）感受生活

我们谈到感受与思考生活，这既是一种能力，也是一种意识，但首先是意识，因为有了意识，能力自然而然会慢慢培养出来，那就要求学生养成一种观察思考意识，做生活的有心人，看到各种各样的事，多思考。你犯了严重错误，父母打了你，事后是否因打你而后悔？你能看出他们做的那些弥补内疚心情的事吗？你是否发现，老师因考试成绩而改变了对某个同学的看法，而成绩又与老师的切身利益相关？你看了以上的例子，你是否感到写作天地的海阔天空？其实，以上的事常在我们的身边上演，只是我们太注重事，而忽略了人、忽略了人性。你多感受生活中的事，多观察周围的人，多揣摩一下他的心理、做事目的，你会发现一个人是多么丰富多彩。人身上有着同情弱小、欺软怕硬、势利、爱自我安慰等人性特点，将这些东西写出来，文章也会令人回味无穷。只要我们多关注人、以人为本，那么我们身边天天都有可供选择的素材。

（二）体验生活

有很多学生花钱大手大脚，放学回家后发现父母没做好饭立刻发火，父母苦口婆心劝告他不好好学习将来生活会多么辛劳，他也置若罔闻、我行我素。究其原因，是因为他们没有体会到生活的艰辛，尤其缺乏劳动经历、生活体验。让孩子们多干事务、做几顿饭，感受每天决定吃什么是一件费心的事；到爸爸、妈妈工作的地方看看，看看父母是怎样工作的，有可能的话，也亲手干干父母的工作；找几样最平凡最常见的工作让孩子干干，亲自体验尝试生活的艰辛，看看没有知识、技能的后果，这些丰富生动的生活会在学生心中刻下烙印，当写作时，怎么还会出现没什么可写的现象。体验生活会使人真正懂得生活，体验生活是一座永远挖掘不尽的题材宝库。

（三）品味生活

有些学生说话滔滔不绝，口若悬河，而在作文时却绞尽脑汁，无从下笔。原因何在？究其根源，是因为"说"在实际生活中实践较多，而"写"却较少。要培养学生写的能力，首先要强调说的能力，这是写话的基础，有话可说，才有话可写，说得精彩，才会写得绘声绘色。培养学生说的能力，得从小学一年级抓起，让孩子们说熟悉的词语，用喜欢的词语说一句完整的话，要求一句话不但完整，而且要能表达一定的意思。

师：孩子们请用"有的……有的……""越……越……"练习说一句简单的话。

生1：天上的云变化多端，有的像小兔子，有的像小绵羊。

生2：雨越来越大，视线越来越模糊。

师：你能加上修饰语，让句子变得更加生动吗？

生3：天上的白云变化多端，有的像可爱的小白兔，有的像温顺的小绵羊。

师：你们还可以联系生活，想象画面，把句子说得更加生动。

生4：天上的白云变化多端，有的像奔跑的可爱的小白兔，有的像趴在地上的温顺的小绵羊，可爱极了。

生5：下课了，同学们有的在课室热烈地讨论问题，有的在走廊三五成群地说说笑笑。

师：其实，你可以把两句话连成一句话，还可以加入自己的小故事。

生：下课了，同学们有的在课室里热烈地讨论问题，有的在走廊三五成群地说说笑笑。我无聊地趴在窗边，仰望着天空——天上的白云变化多端，有的像奔跑的可爱的小白兔，有的像趴在地上的温顺的小绵羊，可爱极了……

师：一下子把我拉到了去年暑假……

生：一下子把我拉到了去年暑假在海陵岛的快乐时光。妈妈悠闲地睡在沙滩椅上晒太阳，爸爸和叔叔正在开展"世纪足球争霸赛"，妹妹黏着我玩过家家和堆沙……堆白雪公主、堆城堡、堆……

师："铃——铃——"我——

生：我慌乱地从书包里拿出语文课本。Good Morning, Miss Li! 我慌乱地换回英语书本，生怕被老师发现。

观察就是汲取生活源泉、获得作文素材的重要手段之一。要让学生做生活的有心人，观察生活、积累素材，那么写作的源泉一定是汩汩滔滔，长流不息。

二、阅读对积累的影响

古人云："读书破万卷，下笔如有神。""书"是知识的源泉，课外阅读是学生获得知识的重要途径，事实告诉我们，只刷题而不阅读的学生必患"贫血症"：孤陋寡闻，词汇贫乏，语言乏味，缺少文化底蕴。

（一）读课外书，积累语言

苏东坡总结创作的经验说："博观而为取，厚积而薄发。"茅盾也说过，积累素材要像"奸商"一样，囤积货物"不厌其多"。这都说明积累素材要"厚"，要"多"。因为"多"，才有"活水来"，才可以得心应手，灵活筛选，提取精华。

1. 吸取传统文化的"营养"

"才须学也，非学无以广才。"古诗词句式整齐，富有韵律，深受人们喜爱。让学生从小诵读古诗词，不仅有利于发展语言，提高智力，而且能陶冶情操。教学中开展有层次、有趣味的活动，每节课前一分钟诵读、每周背一首诗（词）和每月一次古诗考级。在每首诗词教学中通过拓展补白——"同题异文"（同一题材的诗词）、"同人异文"（同一作者的诗词）、"同意异文"（同一情感类型的诗词）等途径扩大古诗文的阅读量。这样不断引导学生去美读，去背诵，去想象，感受诗词的魅力，积累诗词的"营养"。

2. 还给学生一双明亮的眼睛

课外阅读好处多，但开卷未必有益。我们必须学会这样一种本领，选择最有价值、最适合自己的读物。可见，在教学中还给学生一双明亮的眼睛，让学生读书成长的道路上，不仅要做到"好读书"，还要"读好书"，所以选择一些优秀的课外读物是非常重要的。

一是充分利用好与我们现行教材相匹配的自读课本。在课堂教学中，我相机渗透，点拨学生阅读书中与课文相关的文章。如学习了课文《刷子李》后，推荐学生阅读冯骥才的《俗世奇人》，运用正面描写和侧面描写的人物描写方法，阅读和领悟人物的特点。二是根据高段学生的学龄特点，向学生提供一部分优秀的课外读物供参考。如儿童版的四大名著《红楼梦》《西游记》《三国演义》《水浒传》，还有《小学生作文指导》《木偶奇遇记》《小学生天地》《歇后语全集》等课外阅读书籍。让学生们"择真而读，择善而读，择美而读"，学生通过阅读实践，学会了读书，内化了语言。

（二）课外阅读，陶冶情操

巴金说："我们有一个非常丰富的文学宝库，那就是多少代作家留下的杰作，它们教育我们，鼓励我们……文学的目的就是要人变得更好。"多读优秀的文学作品，将提高学生的人文素养。在教学中，拓展阅读读《伞下人生》时，文章写了恋人、中年夫妇、母子、老年夫妇共撑一把伞，而伞总是偏向弱的一方，偏向妻子、孩子、有病的一方，从而写出人类之爱。读了此文，以后下雨时，学生就会有意识地观察伞下人生百态，有的学生的观察会超越伞下，如雨下家长送雨具等。广泛的阅读不仅能增加学生的学识，更重要的是提高学生的修养，陶冶学生的情操。

参考文献

[1] 陈淑梅.加强学生课外阅读，提高学生写作能力 [J].读写算（教师版）：素质教育论坛，2009（22）：129.

[2] 王立红.加强课外阅读 提高写作能力 [J].中国教育技术装备，2008（20）：79.

[3] 赵家英.避免课堂中的无效教学 [J].小学语文教学：园地，2010（5）：52–53.

[4] 张芳.让语言的积累与运用更有效 [J].小学语文教学：园地，2010（3）：52–53.

第三章

灵动的教学范式

成功的教师之所以成功，是因为把课教活了，如果说一种教学法是一把钥匙，那么在各种教学法之上，还有一把总钥匙，它的名字就叫作"活"。

——吕叔湘

《义务教育语文课程标准（2022年版）》对语文的课程性质做出了明确的说明："语文课程是一门学习语言文字运用的综合性、实践性课程。"在新的教学思想领导下，工作室以培养学生自主能力为核心，注重民主与科学相结合，以促进学生学习能力和学习素养的提高。本章收纳精彩的课堂经典课例，充分体现了灵动的教学范式的教学成效。

《伯牙鼓琴》教学设计

【设计理念】

诵读是学习文言文最基础也是最重要的一种方法。我通过"试读—译读—悟读—赏读—延读"五读教学法，层层推进，环环相扣。首先试读，采用多种形式帮助学生扫除朗读障碍。在多次试读之后，静下心来，默默地译读一两遍是非常必要的，其主要目的是结合注释和课堂资料弄清字句意义、疏通全文大意，为背诵全文奠定记忆的框架基础。接着悟读，采用多元形式诵读，达到理解文本、体会情感的效果。然后是赏读，借助音乐、图画等引导学生再次走进文本、呈现文本，学生自然就能读出文章的语气和语势。最后延读，达到课结束、意未尽的效果。

【教材分析】

《伯牙鼓琴》是国家统编教材语文六年级上册第七单元的一篇文言文。伯牙喜欢弹琴，子期有很高的音乐鉴赏能力。伯牙把感情融进乐曲中去，用琴声表达了他像高山一样巍然屹立于天地之间的情操，以及像大海一样奔腾于宇宙之间的智慧，琴技达到了炉火纯青的地步。而锺子期的情操、智慧正好与他产生了共鸣。不管伯牙如何弹奏，子期都能准确地道出伯牙的心意。伯牙因得知音而大喜。子期死后，伯牙悲痛欲绝，觉得世上再没有人能如此真切地理解他，"破琴绝弦，终身不复鼓琴"。古人说："士为知己者死。"伯牙鼓琴，所喻示的正是一种真知己的境界，这也正是它千百年来广为流传的魅力所在。

选编这篇课文的意图，一是让学生借助注释初步了解文言文的大意；二是积累中华优秀经典诗文，感受朋友间相互理解、相互欣赏的纯真友情；三是体会音乐艺术的无穷魅力。

【学情分析】

六年级学生对文言文的表达形式已有了初步感知，也了解了一些阅读文言文的基本方法，能够借助注释理解基本内容。由于文言文特有的表达方式与学生日常使用的白话文之间有着较大的差异，因此，学生对于文言文依然有着初学的新鲜感与认知上的陌生感。

本文虽篇幅短小，但是语言凝练隽永，寓意深刻。学生在理解文意、读懂文本揭示的道理方面具有一定的困难。高年级学生能讲述故事大概内容，简单描述自己印象最深的场景、人物、细节。但是把文言文转换成白话文，口语化讲述故事，具有一定难度。

同时，高年级的学生在学习过程中能主动通过想象走进文本，加深理解，但是如何在讲故事的过程中展开合理想象，深入情境，让故事内容更丰富、更生动，并不容易。

【教学目标】

1. 正确通顺地朗读并背诵课文。

2. 运用相关学习文言文的方法理解重点词句的意思，了解课文大意。

3. 通过朗读感悟、资料补白等方式感受伯牙和锺子期之间"高山流水"般的知音深情。

【教学重点、难点】

教学重点：理解词句的意思，读出自己的感悟，感受朋友之间相互理解、相互欣赏的真挚友情。

教学难点：体会伯牙为纪念知音而破琴绝弦的情感。

【课前诵读】

与交朋友相关的谚语、歇后语、名句和古诗。

【教学过程】

（一）课始——追源溯流近知音

（1）谈话交流导入。

（2）读课题，理解"鼓"的意思。

（3）介绍伯牙和子期。（伯牙是当时著名的琴师，善弹七弦琴，技艺高超。既是弹琴能手，又是作曲家，被人尊为"琴仙"。子期，山中樵夫，以打柴为生，坚持读书。）

（4）介绍瑶琴。（据记载：有一次伏羲看到凤凰来仪，飞坠在一株三丈三尺的梧桐树上。按天、地、人三才，截为三段；取中间一段放流水中，浸七十二日；按七十二候之数，取起阴干，选良时吉日制成。）

（5）板书：绝技、绝品。

（二）课中——"四读"品悟艺术魅力

1. 试读——纵情吟诵识知音

（1）让学生自由读课文，要求读准字音，读通课文。

（2）多种形式帮助学生扫清朗读障碍。

（3）重点指导难读的句子。

设计意图：课堂伊始，或教师范读，或录音播放，或自由朗读等方式，这一环节以激趣为主，让学生用素读的方式反复自由朗读课文，要求读准字音、读通课文、读出节奏，初步建构起对文本的整体认知，达到"未成曲调先有情"。

2. 译读——高山流水明知音

（1）出示课前预习指南，复习学习文言文的方法。

（2）借助书本注释，与同桌说说句意。

（3）指名汇报四个句子的意思，教师相继巩固注释词解和导读句子。

（4）出示画面（依依杨柳、汩汩溪流、皎皎明月、悠悠白云），指导想象，拓展说话。

（5）借助书本资料袋理解"知音"。板书：知音。

设计意图：译读即引导学生"读原文，看注释，说译文"。译读结合在一起，才能更好地理解文言文语言之妙，又能使课堂气氛活跃。译读中还归纳出基本的翻译方法，如换词法、加字法、推断法等，让学生有法可循。

3. 悟读——破琴绝弦祭知音

（1）创设情境（图画、音乐），让学生走进"锺子期死，伯牙破琴绝弦"。

（2）借助书本中的资料袋和补白"瑶琴有六忌，七不弹"，理解：锺子期死，伯牙破琴绝弦，终身不复鼓琴，以为世无足复为鼓琴者。

①引导学生有感情地朗读。

②体会伯牙悲痛的心情。

（3）板书：绝望、绝唱。

（4）创设情境，指导想象画面：锺子期与伯牙对话。

（5）拓展说话：面对伤心、绝望的伯牙，我想对伯牙说："＿＿＿＿＿＿

＿＿＿＿＿＿＿＿＿＿＿＿＿＿＿＿＿＿＿＿＿＿＿＿＿＿＿。"

（6）板书：知音。

设计意图："悟读"一般又包含"补、品、思"三个教学步骤。"补"即找准切入口，适当补白，补充课外资料或原著辅助理解文本；"品"即反复品读文章关键词语、语句，以此领悟全文的主旨、作者的思想感情；"思"则指结合生活实际思考自己的收获，或与文本进行深层次的对白。"旧书不厌百回读，熟读深思子自知。"读中理解文本，读中体会情感。

4. 赏读——千古传唱怀知音

（1）配乐齐读。

（2）师生诵读。

（3）总结课文内容。

（4）拓展视频：嫦娥一号的《流水》。

设计意图：课末设计配乐背诵，根据关键语句填空式背诵，还可以师生合作背诵。以多元的"赏读"收束整个课堂，这既是对整个学习过程的内化升华，又是关注学生可持续发展与终身学习的有力举措。

（三）课末——课外延读会知音

（1）背一背课文以及书中的资料袋。

（2）读一读：《警世通言》的《伯牙鼓琴》相关故事。

设计意图：课末或课下延读，通过"读一读、背一背"达到课结束、意未尽的效果。

【板书设计】

22　伯牙鼓琴

知音

绝技　绝品

绝望　绝唱

设计意图：好的板书是一篇文章浓缩了的精华，是直观的教学方法，是课堂教学中师生双边活动的缩影，能直观形象地反映课堂教学的全过程。在教学中，边导读、边理解、边板书，然后在讲到子期死后擦去相关内容，最后在赏读后再用简笔画画出"高山流水"，再现画面，升华情感。

【教学后记】

窦桂梅说："师生行走在课堂上的40分钟，如何走出精彩？关键要抓住课眼。"是的，抓住"课眼"，教学就会牵一发而动全身。课眼即主题，找到课眼即发现了教学的根本。如何找到"课眼"？关键靠底蕴——靠独立思考的能力和勇气。

两年来前后四次执教《伯牙鼓琴》，前三次备课我都是抓住了"知音"这个课眼来设计教学，但是学生对于伯牙与子期为什么会成为知音，他们之间的情谊为什么如此深厚这些问题无法理解，无法与教材产生共鸣，课堂没有温度。统编版的《伯牙鼓琴》的单元主题是感受音乐、绘画的艺术魅力，这与旧的人教版的选文目的就有所不同了。第四次执教备课时我反复追问自己——那如何上好这篇课文呢？着手点在哪里呢？旧教材如何上出新意呢？如何把学生引进文本，与文本产生共鸣？我想突破前三次教学的痛点——学生不理解伯牙为什么与锺子期只有一面之缘，却有如此之深"破琴绝弦"的感情。学生无法与教材、教师共鸣。首先我没有着急搜集资料和参考教案，而是开始"啃"教材、"钻"进去。然后再找来相关资料，如细读《警世通言》、查找伯牙与锺子期偶遇的资料。通过"啃""钻""研"，我找到了第四次备课的生长点——原来楚国的伯牙学琴遂成时，走了多国才得到晋王的赏识，可见身在异国的他内心是多么孤独。其次伯牙是喜欢即兴作曲，而且技艺高超，可见"曲高和寡"，我根据这一主题引发开去，从纵深建构整个课堂。我反复思考、捉摸，重新定位这节课的课眼——"绝"。然后围绕课眼"绝"深入解剖教材：伯牙的古琴世上绝无仅有，称得上是"绝品"；伯牙多次拜师学艺，身怀绝技；寻寻觅觅多年才找到懂自己的子期，子期的死带给他痛苦、绝望；伯牙为知音断绝琴弦，终身不复鼓琴，成为千古绝唱的故事。我抓住课眼，用"绝品—绝技—绝望—绝唱"这条主线贯穿教学。教学中抓住学生的疑问："子期死了，伯牙为什么断绝琴弦呢？"立足教材又高于教材，找到了"古琴的背景资料""伯牙的成长历程"来适时补白，层层推进，最后把孩子带进了千古绝唱的故事与之对话，走进文本与之产生共鸣。教师领着学生"走进"教材与"走出"教材，来回品读、思考与感悟，开展深度学习，一节有品质的课堂就水到渠成了。

【教学反思】

2022年高考（广东卷）作文材料中的"本手、妙手、俗手"是围棋的三个术语。"本手"是基本功，"妙手"是创造力，一般来说，夯实了基本功，才有创造力的绽放，基本功薄弱，"妙手"就成了空中楼阁，画虎不成反类犬，成了"俗手"。

不止棋也，我们的语文课堂也会经常丢掉了"本手"，一味追求"妙手"，不经意间失去了"语文味"。语文课堂如何回归原点？许多老师经常有"山重水复疑无路"的朦胧探索，却没有"柳暗花明又一村"的清晰指南。

莎士比亚说过："简洁是智慧的灵魂。"在追求课堂面面俱到的同时，我们也应该以本为本，以纲为纲，追求返璞归真的灵动语文课堂。《伯牙鼓琴》是统编版六年级上册的一篇文言文，文章只有5句话、77个字，而这77个字却讲述了一个千古流传、感人肺腑的故事。因此，在三次执教《伯牙鼓琴》中，"慢"似乎成了我的标签，"读"是我教学文言文的"常态动作"。通过"试读—译读—悟读—赏读—延读"五读教学法，让学生慢慢地把文本读"薄"，再慢慢地把文本读"厚"，最后回归语文的"本味"。

试读，纵情吟诵识知音。课堂伊始，让学生用素读的方式反复自由朗读课文，要求学生先用自己喜欢的方式读准字音，再"借力"读通课文，最后模仿"榜样"读出节奏。通过"读"帮助学生初步建构起对文本的整体认知，寻找文言文的"原味",达到"未成曲调先有情"的效果。

译读,高山流水明知音。译读即引导学生"读原文,看注释,说译文"。若再进行第四次教学《伯牙鼓琴》,我会做这样的调整:首先,借助"课前导学"帮助学生复习基本的翻译方法,如换词法、加字法、推断法等,让学生有法可循;接着引导学生借助课本注释,尝试说句意;再借助多元媒介,呈现立体的画面——依依杨柳、汩汩溪流、皎皎明月、悠悠白云……引导学生说话。这样学生在理解的基础上,情感已经水到渠成了,再让学生有感情朗读课文,从而感受"知音"。译读结合在一起,才能更好地理解文言文语言之妙,更能使课堂气氛活跃。

悟读,破琴绝弦祭知音。"悟读"一般又包含"补、品、思"三个教学步骤。"补"即找准切入口,适当补白,补充课外资料或原著辅助理解文本;"品"即反复品读文章关键词句,以此理解文本,掌握全文的主旨,领悟作者的情感;"思"则结合生活实际思考自己的收获,或与文本进行深层次的对白。在教学时"锺子期死,伯牙破琴绝弦,终身不复鼓琴,以为世无足复为鼓琴者。"我没有吝惜补白,反复穿插拓展伯牙的"瑶琴"简介、"瑶琴有六忌,七不弹"……这样立体地拓展了文本的宽度,提高了学生学习的厚度,增加了课堂的亮度。《义务教育语文课程标准(2022年版)》指出:"小学各年段的阅读教学都要重视朗读。要让学生充分地读,在读中整体感知,在读中有所感悟,在读中培养语感,在读中受到情感的熏陶。"朗读是阅读的起点,是理解课文的重要"秘籍",是小学语文教学的"本"。课堂若没有朗读基础,一味去追求创新,也只是空中楼阁;若仅是夯实基础,不去进一步探索,也会止步不前。学生的认识在前面释读的基础上升华了,这时教师再采用"师生交流、反复诵读、补白导读"等方式,让这些难懂的静止的文言文灵动起来,达到一种可闻、可见、可感的意境。

本节课末,我先借助了《高山流水》"男女诵读",接着"填空式诵读",然后拓展视频嫦娥一号的《流水》,再"师生合作诵读"。这样,学生借助音乐、视频,层层递进、环环相扣的递进式教学,很能进入文本,与人物产生共鸣,以多元"赏读"收束整个课堂,夯实了阅读吸收。

延读,拓展阅读会知音。温儒敏强调:"'统编版'语文教材更加注意课外阅读的延伸,但阅读量还是不够。所以主张加大课外阅读,鼓励'海量阅读'，鼓励学生读一些'闲书'，也就是和考试甚至和写作并不一定'挂钩'的书，鼓励读一些'深'一点的书，可以'似懂非懂'地读，'连滚带爬'地读。只有这样，才能培养起读书的兴趣。"课本设计了一个资料袋，课中设计了多处课外链接式阅读，但远远不能满足学生的阅读量。因此，我们从课内引向课外，课下引导学生阅读《警世通言》里的相关《伯牙鼓琴》的故事等。通过阅读加深对故事背景的了解、对人物的认识、对文本的理解，从中真正再把文本读"厚"，还原语文教学的"本真"。

《义务教育语文课程标准（2022年版）》指出："阅读是学生的个性化行动，不应以教师的剖析来代替学生的阅读实践。""要珍视学生奇特的感受、体验和理解。"寓教于读，读中有教，以读促教。语文课堂就应以本为本，以读学语文，以读用语文，以读享受语文，方得其妙。

《冀中的地道战》教学设计

【教材分析】

《冀中的地道战》是部编版五年级上册第二单元的课文，本单元是阅读策略单元。阅读策略单元的编排特点：其一是体现处处皆对话，力求体现教本向学本的转变——课前安排"阅读提示"提示阅读方法，课后安排"阅读伙伴交流"与文前的提示语相照应，"交流平台"归纳提升；其二是注重过程指导，提供阅读路径让学生在实践中习得方法。

本单元共安排了四篇文章，每篇文章各有侧重，整体编排，螺旋上升。第一篇《搭石》侧重养成"集中注意力"的阅读习惯，学会"不回读"的阅读方法；第二篇《将相和》侧重扩大视域读的方法，尽可能连词成句地读；第三篇《什么比猎豹的速度更快》侧重结合文章段落特点，能抓住关键语句迅速把握课文内容；第四篇《冀中的地道战》侧重带着问题读，做积极的阅读者，并且综合运用学过的方法，提高阅读速度。

《冀中的地道战》从冀中地道战出现的原因、作用，地道的样式结构及特点等方面进行了介绍和说明，并对冀中的地道战作了高度评价，热情颂扬了人民群众的无穷智慧和顽强斗志。这篇文章第一部分说明冀中的地道的样式及特点。第二部分也是文章的重点部分，按由总到分的顺序和空间转换顺序，先介绍冀中地道的总体结构，再分别介绍各种具体的设计样式及其保护群众、打击敌人、防止破坏和传递信息的作用，体现了它设计周密、易守能攻、灵活多样、富有创造性的特点。课前阅读提示是带着问题、用较快的速度默读课文。同样是阅读策略单元，四年级阅读时尝试从不同的角度去思考，提出自己的问题，侧重引导学生提出问题。

【学情分析】

五年级学生有了一定的阅读基础：四年级上册提问策略单元已经尝试从不同角度去思考，提出自己的问题，侧重培养学生提问的意识；四年级下册的《小英雄雨来》带着问题尝试用较快的速度阅读课文。因此，学生已经有了提问和阅读的学习经验。但《冀中的地道战》发生的背景与学生的生活时代比较久远，有一定的年代感。学生难以理解课文内容，与文本产生共鸣。

【设计理念】

《义务教育语文课程标准（2022年版）》指出：教师要明确学习任务群的定位和功能，准确理解每个学习任务群的学习内容和教学提示。在此基础上，综合考虑教材内容和学生情况，设计不同类型的学习任务，依托学习任务整合学习情境、学习内容、学习方法和学习资源，安排连贯的语文实践活动。本单元共安排了四篇文章，每篇文章各有侧重，整体编排，螺旋上升，所以在教学中我们要关联学生已有的学习经验，开展单元整体解读，目标定位与教学方法要注意单元整组，教学设计要整合单元整组，处理好一课与一组的关系，还要特别注意的是"提高阅读速度"并不等于"快速阅读"，"提高阅读速度"的目的是为了思维的提高。

《义务教育语文课程标准（2022年版）》还指出：积极利用网络资源平台拓展学习空间，丰富学习资源，整合多种媒介的学习内容，提供多层面、多角度的阅读、表达和交流的机会，促进师生在语文学习中的多元互动。《冀中的地道战》与学生的生活体验有一定的年代感，怎样让学生走进文本，与文本产生共鸣，全面、清晰地在头脑中形成对地道战结构的了解，使他们认识到地道战在中国抗日战争史上的特殊作用呢？单凭课本中的文字，难以完成教学目标，突破教学重难点。因此，我借助信息技术设计了微课、思维导图、电影《地道战》的片段等，生动的画面感拉近历史的年轮，帮助学生情感成型、语言成型、思维成型和意志成型。

【教学目标】

1.会认8个生字，会写10个生字，理解生字组成的词语。

2. 会借助问题提高默读速度，边读边想，感受地道战这一惊人的奇迹。

3. 默读课文，提出自己感兴趣或者不懂的问题与同学讨论。

4. 通过理解课文内容，体会我国人民在战争中表现出来的顽强斗志和无穷无尽的智慧。

【教学重点、难点】

1. 会借助问题提高默读速度。

2. 通过理解课文内容，体会我国人民在战争中表现出来的顽强斗志和无穷无尽的智慧。

【教法、学法引导】

1. 教法：引导学生自读自悟，以小组为单位合作学习，并辅之以电影录像资料完成本课教学。

2. 学法：以小组为单位，综合运用前面学到的阅读基本功，读、思、讲、辩，理解课文内容。

【教学准备】

1. 地道战背景资料。

2. 微课《我来说地道》。

3. 课外阅读视窗《我爱家乡的地道战》。

4. 制作PPT。

【课时安排】

安排两课时。

【教学设计】

第一课时

（一）教学目标

1. 认识"侵""略"等8个生字，会写"侵""略"等10个生写，会写"侵略""修筑"等14个词语。

2.能带着问题，用较快的速度默读课文，初步了解课文主要内容。

3.学习第一至第三自然段，了解"大扫荡"及历史背景。

（二）教学重、难点

1.重点：能带着问题，用较快的速度默读课文，初步了解课文主要内容。

2.难点：学习第一至第三自然段，了解"大扫荡"及历史背景。

（三）教学过程

板块一：扫读游戏，回顾方法

1.游戏1

（1）出示游戏规则：每组词语计时2秒，看看你能记下多少？

（2）出示内容，开展游戏。

第一组：隐蔽　妨碍　迷惑

第二组：粉碎　游击　任丘　陷坑　孑口

第三组：不计其数　一夫当关　万夫莫开　无穷无尽

2.游戏2

（1）出示游戏规则：每段话计时5秒，看看你能记住多少内容？

（2）出示句子，开展游戏。

第一句：有的还在旁边挖了一个陷坑，坑里插上尖刀或者埋上地雷，上面用木板虚盖着，板上铺些草，敌人一踏上去就翻下坑里送了命。

第二句：原来地道里每隔一段就有个很窄的"孑口"，只能容一个人爬过去。只要一个人拿一根木棒，就可以把"孑口"守住，真是"一夫当关，万夫莫开"。

相机理解：陷坑、孑口

指导书写：蔽、陷。

设计意图：用扫读、闪现词语的方式训练学生快速阅读的能力，这样不但利于为学生学习课文扫清字词障碍，还能激发学生的学习兴趣，更可以快速集中学生的精神。

板块二：速读背景，走进文本

（1）出示要求：用1分钟速读"时代背景简介"。

（2）出示背景资料，让学生速读。

抗日战争时期，日本帝国主义调集了几十万军队对我国华北敌后抗日根据地进行"大扫荡"，实行野蛮的烧光、杀光、抢光的"三光"政策。他们在铁路和大道的两旁挖了很深的封锁沟，挖出的泥土就用来筑成封锁墙，十里一碉，八里一堡，对抗日根据地实行残酷的封锁政策，抗日战争进入了最困难的时期。地道战就是在这种环境下诞生的。

（3）联读"交流平台"，分享阅读方法。

① 要集中注意力，尽量连词成句地读，不要一个字一个字地读，更不要回读。

② 带着问题也可以加快阅读的速度。遇到不懂的词语，在不影响理解课文内容的情况下可以先不管它，继续往下读。

③ 要做到一边读一边想，抓住关键词句，及时捕捉有用的信息。

设计意图：《冀中的地道战》与学生的生活体验有一定的年代感，借助"背景资料"拓宽文本的宽度，增加学习的厚度，从而让学生快速走进文本。教材处处皆对话，力求体现教本向学本的转变。教学中联读"交流平台"，分享阅读方法，从中复习前面三篇课文以及四年级的阅读策略单元的方法，为下文学习做铺垫。

板块三：明确要求，体验速读

1. 阅读提示，明确要求

（1）出示课前阅读提示，明确本课学习要求。

（2）读题质疑，梳理问题。

预设问题：①地道是怎么样的？②人们在地道里是如何攻击敌人的？③人们在地道里怎么生活？怎么生产？④人们是如何防御敌人的？⑤人们怎么知道地面上的情况？

2. 速读解疑，梳理文脉

（1）出示默读要求。

① 读课文，记录阅读的时间。

② 带着问题读，边读边思考，做好标记。

（2）出示填空，指导汇报。

我想知道_____？我从第_____自然段知道了_____。

① 学生汇报时相机理解难词：冀中、大扫荡、封锁沟、任丘。

② 引导学生用小标题的方法概括课文内容。

第三自然段：四通八达（特点）

第四自然段：保护自己（藏身）

第五自然段：打击敌人（歼敌）

第六自然段：防备进攻（防御）

第七自然段：传递情报（联络）

设计意图：在本单元前三篇课文的学习基础上，继续训练学生快速阅读，并且会"带着问题"快速阅读。采用拟小标题的方法，用来训练学生的概括能力，从而梳理文脉。

3. 示范概括，学习方法

（1）出示句子：在广阔平原的地底下，挖了不计其数的地道，横的，竖的，直的，弯的，家家相连，村村相通。

（2）指导学生用圈出关键词的方法及时概括语句的意思，能帮助提高阅读的速度。

（3）借助思维导图，概括主要内容。

（4）通过阅读实践，小结方法。

① 带着问题读。

② 圈出关键词。

③ 借助思维导图概括主要内容。

设计意图：教学中先引导学生采用"圈出关键词语"的方法来概括句子主要意思，从而提示"借助思维导图"概括课文主要内容。这样"扶放"结合，授之以渔，让学生在实践中习得方法。

板块四：经过体验，共同总结

（1）通过阅读实践，引导学生小结阅读方法。

（2）引导学生回忆本节课了解的课文的主要内容。了解冀中地道战的产生、作用和地道的结构特点。

设计意图：学生先经过体验，再让学生回顾反刍，再现课堂已学过的知识，从而达到语言成型、情感成型和意志成型。

第二课时

（一）教学目标

（1）带着问题，用较快的速度默读课文第四至第八自然段。

（2）小组交流，找出相关句子梳理问题。

（3）理解地道战取得成功的关键源于中国人民的智慧和保家卫国的顽强斗志。

（二）重点、难点、疑点及解决办法

（1）重点：了解冀中地道的结构特点。

（2）难点：理解为什么说中国人民的智慧是无穷无尽的。

（3）疑点：为什么把冀中的地道战称为抗日战争史上的奇迹？

（4）解决办法：借助多媒体，充分利用影视资料并通过小组合作探究突破重、难点。

（三）教学过程

1. 回顾课文，回忆"奇迹"

（1）出示课文填空。

（2）回忆课文主要讲了什么？

设计意图：本环节主要采用巩固复习法，用填空的形式帮助学生回顾课文主要内容，再通过问题引导学生说感受，激发学生的学习兴趣。

2. 默读课文，探究"奇迹"

（1）质疑导学：地道是怎么样的？人们在地道里怎么生活？人们在地道里是如何攻击敌人的？人们又是怎么知道地面上的情况的？

（2）独学（5分钟）：学生带着问题快速默读课文，并记录下自己阅读的时间。

设计意图：本环节主要采用设疑激趣法和小组研读法，首先帮学生梳理上一节课中有价值的问题，其次引导学生根据问题开展小组课前研读，最后又带着研读的问题再回到本节课的学习内容。这样学生从问题中来，又到问题中去，运用之前的阅读方法反复让学生带着问题快速默读课文，感受高质量阅读的好处。

3. 研读课文，分享"奇迹"

（1）研学（4分钟）：选择问题，小组研学。

研学要求：

① 小组长选择一至两个问题，小组开展研学活动。

② 小组每个成员要轮流发言。

（2）共学：分组汇报，共谈收获。

① 出示研学要求。

② 教师根据小组的汇报，相机点拨，适时借助媒体辅助理解。

预设1：了解地道构造之奇。（第四、五自然段）

a. 指名汇报。

b. 观看微课《我来说地道》。

c. 小组合作练习介绍地道。

d. 指名介绍地道。

e. 理解句子：地道的出口也开在隐蔽的地方……他们也过不了关口。

f. 相机理解：陷坑、"迷惑洞"、子口和"一夫当关，万夫莫开"。

g. 引读句子，升华情感：为了打击敌人，什么办法都想出来了，人民的智慧是无穷无尽的。

预设2：了解在地道里如何生活和生产。（第四自然段）

a. 指名汇报。

b. 相机出示句子：地道有四尺多高……不妨碍上面种庄稼。

c. 相机理解：妨碍。

d. 引导说话：有的……有的……有的……有的……

e. 引读句子，感受地道的"奇"：敌人来了，我们就钻到地道里去，让他们扑个空；敌人走了，我们就从地道里出来，照常种地过日子，有时候，还要打击敌人。

预设3：了解地道如何防御敌人的破坏。（第六自然段）

a. 教师问：敌人想到了什么毒辣法子来破坏？（水攻、火攻、毒气）

b. 引导学生了解人民防备的"妙计"。（土和沙、挖暗沟、吊板）

c. 多媒体播放：敌人"水攻""放毒气"的小视频。

d. 拓展：敌人毒辣透顶的"扫荡"法子。

e.引读句子，升华情感：有了地道战这个斗争方式，敌人毒辣透顶的"扫荡"被粉碎了。冀中平原上的人民不但坚持了生产，还有力地打击了敌人，在我国抗日战争史上留下了惊人的奇迹。

预设4："地道通讯联络组"分享，了解地道里信息传递的奇妙方式。（第七自然段）

a.让学生汇报联络方法："无线电""有线电"。

b.理解文中双引号的作用。

c.引读句子，升华情感：冀中平原上的人民不但坚持了生产，还有力地打击了敌人，在我国抗日战争史上留下了惊人的奇迹。

设计意图：本环节采用品读分析法和多媒体辅助教学法，让学生充分研读文本。信息技术是实施新课标的有力工具和重要手段，在信息技术与语文课程整合的探索和实践中，充分发挥信息技术的优势，针对不同的教学内容和教学要求，具体研究信息技术的应用模式。在本环节的教学中，恰当地借助多媒体视频、微课和网络资料，把文章的时代距离感拉近，学生学习更有共鸣，从而深化对文本的解读，了解地道战的特点，感受地道的神奇，顺势引导学生理解地道战取得成功的关键源于中国人民的智慧和保家卫国的顽强斗志。

4.总结课文，升华"奇迹"

（1）拓展：抗日战争资料。

（2）提问：你觉得地道战取得成功的关键是什么？

（3）引导学生读：为了打击敌人，什么办法都想出来了，人民的智慧是无穷无尽的。冀中平原上的人民不但坚持了生产，还有力地打击了敌人，在我国抗日战争史上留下了惊人的奇迹。

（4）拓展地雷战阅读资料。

（5）多媒体播放："抗战胜利"小视频。

（6）师生合作读：冀中平原上的人民，用自己的智慧和斗志，把敌人毒辣透顶的"扫荡"粉碎了，在我国抗日战争史上留下了惊人的奇迹。

设计意图：课末帮助学生复习梳理课文，再次回味"奇迹"，从而顺延问题（地道战取得成功的关键是什么？）引领小结全文。最后，师生合作朗读和借助多媒体视频，再次升华学生的情感自然就水到渠成了。

5. 拓展阅读，外延"奇迹"

（1）出示课外阅读《我爱家乡的地道战》。

（2）出示阅读要求：用3分钟时间快速默读课文，并完成以下问题。

① 文中的"单人掩体"和"隘口"各有什么作用？

② 敌人往地道里灌水或放烟时，地道里的人是怎么应对的？

③ 指名汇报。

④ 师生合作朗读，小结全文。（根据课文内容而改编）

人民，只有人民

不但坚持了生产，还有力地打击了敌人

人民，只有人民

敌人毒辣透顶的"扫荡"被粉碎了

在我国抗日战争史上，地道战——

留下了惊人的奇迹

人们的智慧和斗志——

也留下了惊人的奇迹

我们要切记——历史

我们也要切记——抗战英雄

我们更要切记——珍惜当下，奋发图强

设计意图：温儒敏说："最好的阅读课是往外延伸的，统编教材重视将阅读往课外延拓。"所以，本节课的课末拓展《我爱家乡的地道战》，再次巩固延伸本单元的语文要素——快速阅读方法。同时，我把课文内容与本单元的人文主题相联系，把思想教育渗透在师生朗读中，起到"润物细无声"的效果。

6. 家庭作业，回味"奇迹"

（1）用快速阅读的方法读有关抗日的英雄故事，准备"课前一分钟的演讲"。

（2）观看电影《地道战》。

设计意图：作业是教学中的重要环节，它与课堂教学、课外活动构成了小学语文教学体系，是对课堂教学的巩固和运用，提高教学质量的重要途径。我布置了用快速阅读的方法读有关抗日英雄的故事和观看电影《地道战》的家庭作业，这是把巩固延伸本单元的语文要素和提高学生的作业兴趣有效结合，也进一步升华了学生的爱国情怀。

7. 板书：图文结合，突出"奇迹"

冀中的地道战

保护自己 　　　 坚持生产

奇迹

粉碎"扫荡" 　　 打击敌人

设计意图：板书设计，是小学语文课堂教学中的一个重要组成部分，是一种很重要的教学手段。我的板书设计力求做到简洁、实用、构思精巧。用简练的文字、线条来直观地反映教学内容和突出教学重点，以增强课堂教学的吸引力、启发性和感染力。

【教学反思】

《义务教育语文课程标准（2022年版）》指出核心素养的内涵是学生在积极的语文实践活动中积累、建构并在真实的语言运用情境中表现出来的，是文化自信、语言运用、思维能力、审美创造的综合体现。《冀中的地道战》是部编版五年级上册第二单元的课文，本单元是阅读策略单元。在本课教学时，我充分借助信息技术，设计了微课、思维导图、电影《地道战》片段等整合单元内容，设计了三大任务群等培养学生核心素养，帮助学生语言成型、审美成型、情感成型和思维成型。

（一）拓展补白，助力"四个成型"

教材解读一定要有高度，学生参与有广度，课堂训练要适度，学生学习思维训练才有深度。本节课依据课程标准并结合教材特点、学生实情多次拓展文本。首先，借助"背景资料"拓宽文本的宽度，增加学习的厚度，从而帮助学生情感成型，为学生快速走进文本、融入文本、理解文本做好铺垫。其次，教学中联读"交流平台"，分享阅读方法，从中复习前面三篇课文以及四年级的阅读策略单元的方法，帮助学生学习策略单元的思维成型，为下文学习做铺垫。

温儒敏说："最好的阅读课是往外延伸的，统编教材重视将阅读往课外延拓。"本节课的课末拓展了《我爱家乡的地道战》，设计相应的课堂练习单，再次巩固延伸本单元的语文要素——快速阅读方法，从而助力学生语言成型和审美成型。

（二）单元整合，促进"四个成型"

学习任务群由相互关联的系列学习任务组成，共同指向学生的核心素养发展，具有情境性、实践性、综合性。在本单元备课时，我整合单元设计了三大任务群。

任务一是"阅读快车"。每一课根据教材特点设计"阅读快车"片段，如《搭石》选取文中的第二自然段，让学生记录阅读时间；《将相和》选取了《完璧归赵》，让学生连词成句地读，提出有价值的问题；《什么比猎豹的速度更快》让学生用三分钟快速阅读后完成课后习题二；《冀中的地道战》让学生带着"地道的样式""在地道怎么打仗"等问题快速找出问题的相应段落。这样整合设计"阅读快车"任务群，主要目的是复习四年级上册提问策略单元，尝试从不同角度去思考，提出自己的问题，并带着问题尝试用较快的速度阅读课文。这样的设计主要侧重培养学生提问的意识，并带着问题快速阅读课文，从而促进学生的核心素养语言成型和思维成型。

任务二是"扫读游戏"。用扫读、闪现词语的方式设计，练习数量从少到多，内容由词到句，这样阶梯性地训练学生快速阅读的能力，不但利于为学生课文学习扫清字词障碍，还能激发学生的学习兴趣，更好地快速集中学生的精神。

任务三是"1+X阅读"。"1"是精读课文或是教材单元所生发的议题，"X"是泛读+课外阅读，通过教师的整合形成一组群文。第一课时课末拓展《平原奇观——冉庄地道战遗址》和《地雷战》，《冀中的地道战》与学生的生活体验有一定的年代感，这样拓展文本的宽度可以让学生更好地走进文本，与文本产生共鸣，全面、清晰地在头脑中形成对地道战结构的背景认知，使他们认识到地道战在中国抗日战争史上的特殊作用，学生的情感成型则水到渠成。

每一课的课末拓展了同类型的课外阅读，如《搭石》拓展了《人间处处有温情》；《将相和》拓展了《渑池之会》；《什么比猎豹的速度更快》拓展了《"数"说雷电》；《冀中的地道战》拓展了《白洋淀里荷花香》。这样的设计"1+X"，目的在于巩固本单元的阅读策略，让学生综合运用学过的阅读方法连词成句地读，侧重带着问题读，并能养成"集中注意力"的阅读习惯，学会抓住关键语句迅速把握课文内容，提高阅读速度。这样"1+X"再次达到巩固本单元的阅读策略，从而促进学生的审美成型、语言成型、情感成型和思维成型。

（三）融合信息，搭力"四个成型"

信息技术在教学中的发展和运用，不仅为教学提供了良好的学习环境，而且改变了学生的学习方式，特别是对于基础教育中的小学生而言，使学习变得更加有趣，提高了学生学习的积极性，使学生的学习主体地位得到了充分的发挥和展示，进而培养了学生的创新精神和实践能力。在教学地道战样式时，出示《地下长城》的微课视频，让学生直观地了解"地下长城"；接着讲到地道如何防御时，播放《地道战》影视片段，让学生立体化地感受地道的"奇"；课末播放《地雷战》影视片段，让学生情感再次升华，达到情感成型和思维成型。

《义务教育语文课程标准（2022年版）》指出：核心素养的四个方面是一个整体。在语文课程中，学生的思维能力、审美创造、文化自信都以语言运用为基础，并在学生个性语言经验发展过程中得以实现。因此，在教学中培养学生核心素养，帮助情感成型、语言成型、审美成型和思维成型，不能是单一的，或者碎片化的，而应该注意教材整合，教材解读要有高度、思维拓展要有深度、练习训练要适度、课堂要有温度，这样学生参与才有广度，"四个成型"核心素养才会有厚度。

《普罗米修斯》教学设计

【设计理念】

《义务教育语文课程标准（2022年版）》指出："培养学生广泛的阅读兴趣，扩大阅读面，增加阅读量，提倡少做题，多读书。"依托文本，以教材为生发点，拓展教材的"阅读链接"和《大力神赫拉克勒斯的故事》，使课内和课外有机地结合起来，抓住教材与课外读物中存在的联系点，辐射开去，既扩大了学生的阅读面，又发散了学生的思维，促进学生理解文本、习得语言，对学生语文素养形成积极作用。

朗读是语文学习最常见的训练方式。本节课，抓住四个画面，设计摘要式读、感悟性读、分享式读等多种形式展开语言文字训练，引导学生在读中理解文字所承载的信息及所蕴含的情感，让学生在读中感悟文本，在读中训练语感。

想象是学好语文的基本能力。课堂上，教师借助多媒体课件举象、造境，引导孩子入情入境地研读文本，感受普罗米修斯身上的痛苦，品味其身上不屈不挠的品质，不仅缩短时空差距，降低孩子学习坡度，而且训练孩子们的思维能力。

【教材分析】

《普罗米修斯》选自统编版小学语文四年级第三单元，课文是一篇神话故事，记叙了普罗米修斯为了解除人类没有火种的困苦，勇敢地盗取天火，从而给人类带来光明和智慧，并与宙斯进行不屈不挠斗争的动人传说，赞扬了普罗米修斯的勇敢和献身精神。全文共有九个自然段，根据事情发展顺序可分为

"无火""盗火""受罚""获救"四个阶段。课文注重了人物个性的刻画，使普罗米修斯的勇敢与献身精神跃然纸上，给人留下深刻的印象。

【学情分析】

四年级学生已经接触过童话单元和寓言单元，在学习神话单元之前，已经学过《羿射九日》，对神话有了一些感性的认识。但由于文化差异，对古希腊神话还是比较陌生的。教学中，要指导学生概括故事的主要内容，练习讲故事，并以课文为生发点，把学生的目光吸引到课外阅读中，引导他们积极阅读古希腊神话故事，激发阅读兴趣，进一步了解神话的特点，帮助学生形成对神话这种文学题材的初步认识。

【教学目标】

1. 正确、流利、有感情地朗读课文，体会普罗米修斯的勇敢和献身精神。
2. 学习概括课文主要内容的方法，抓住有关语句揣摩人物的心情。

【教学重点、难点】

教学重点：体会普罗米修斯的勇敢和献身精神。

教学难点：学习概括课文主要内容的方法，抓住有关语句揣摩人物的心情。

【课前准备】

课件、课前堂测题、课末拓展阅读。

【教学过程】

（一）课始，巧用堂测明学情，激发兴趣做铺垫

1. 巩固复习，检测反馈

（1）出示堂测题。

检测1：我来取火。

检测2：我来取圣火。

（2）检查反馈。

2. 厘清人物，走进神话

（1）梳理文中的神话人物。

（2）指导学生回顾课文内容，并简要复述。

起因：天神普罗米修斯从太阳神阿波罗那里拿走了火种，并带到了人间。

经过：众神领袖宙斯决定给普罗米修斯以最严厉的惩罚，火神劝告普罗米修斯归还火种，遭到拒绝。他只好把普罗米修斯锁在高加索山上。宙斯见普罗米修斯不肯合作，就派了鹫鹰去啄食他的肝脏。

结果：大力神赫拉克勒斯解救了普罗米修斯。

设计意图：课始采用"152"灵动课堂教学模式，通过课堂小测快速聚焦学生的注意力，同时又能检测学生预习情况，达到"一石二鸟"的效果。接着，引导学生梳理人物关系，从而概括文章主要内容。这样做能很好地激发学生的学习兴趣，充分调动学生学习的内驱力，为深入理解课文内容做好铺垫。

（二）课中，聚焦神话明大意，感受神奇悟品质

1. 品读画面，激发情感

（1）分组读课文第一、二自然段，找出两个完全不同的画面。

（2）指名汇报。

（3）品读画面一：很久很久以前，地面上没有火，人们只好吃生的东西，在无边的黑暗中度过一个又一个长夜。

①指导朗读。

②引导学生想象：没有火的人类，会是怎么样的画面？人类的心情如何？

③指名汇报。

④小结：人们最需要的是"火"。板书：火。

（4）品读画面二：自从有了火，人类就开始用它烧熟食物，驱寒取暖，并用火来驱赶危害人类安全的猛兽……

①指导朗读。

②拓展说话：自从人类有了火——人类从（寒冷）走向（温暖）；自从人类有了火——人类从（痛苦）走向（　　）；自从人类有了火——人类从（　　）走向（　　）。

（5）齐读两个画面的句子。

设计意图：《义务教育语文课程标准（2022年版）》明确指出：阅读是学

生的个性化行为，不应以教师的分析来代替学生的阅读实践。让学生在自主探究中反复感受文本语言，潜心研读、品词析句，感悟普罗米修斯的高大形象，从而巧妙地突破课文重点。

2. 聚焦痛苦，感受坚强

（1）默读课文第三至第八自然段，用"_____"画出两个画面，然后圈出深深地刺痛自己的心的字词。

（2）同桌交流，指名汇报。

（3）品读画面三：普罗米修斯双手和双脚戴着铁环，被死死地锁在高高的悬崖上，他既不能动弹，也不能睡觉，日夜遭受着风吹雨淋的痛苦。

① 指导朗读。

② 品悟"锁之苦"。

③ 创设语境指导朗读，感悟人物的坚强与执着。

④ 引导品悟人物语言，再次体会人物性格。

（4）品读画面四：狠心的宙斯又派了一只凶狠的鹫鹰，每天站在普罗米修斯的双膝上，用它锋利的嘴巴，啄食他的肝脏。白天，他的肝脏被吃光了，可是一到晚上，肝脏又重新长起来。这样普罗米修斯所承受的痛苦，永远没有尽头了。

① 指导朗读。

② 品悟"啄之痛"。

③ 引导想象，体会人物品质。

④ 品读对话，体会博爱。

⑤ 小结。

设计意图：用教材教，而不是教教材。教师在品读和想象中加深学生的情感体验，从而促进学生对普罗米修斯品质的感悟，激发对普罗米修斯的崇敬之情，引导学生从人物身上去汲取力量。

3. 品读对话，走出神话

（1）分角色品读对话：

① 火神赫淮斯托斯很敬佩普罗米修斯，悄悄对他说："只要你向宙斯承认错误，归还火种，我一定请求他饶恕你。"

② 普罗米修斯摇摇头，坚定地回答："为人类造福，有什么错？我可以忍

受各种痛苦，但决不会承认错误，更不会归还火种！"

（2）品读结果文段：普罗米修斯的表现不仅感动了人类，也感动了大力神赫拉克勒斯。赫拉克勒斯对宙斯的所作所为愤愤不平，于是射死鹫鹰、砸碎锁链，使普罗米修斯获得了自由。

（3）小结：普罗米修斯这是大爱行为，所以正义获得胜利。（板书：大爱）

（4）拓展想象：假如故事的结尾不是这样，大力神碍于他父亲的面子，放弃了对普罗米修斯的解救，那么普罗米修斯的结局会如何呢？

设计意图：通过角色朗读对话，再次带领学生走进神话，感悟"大爱"的精神。接着引导学生创编故事结局，带领学生走出神话。这"一进一出"，可以更好地升华学生对文本的体会。

（三）课末，拓展延伸，走出神话

1. 链接阅读1

书本"链接阅读"中燧人钻木取火的故事。

（1）让学生带着思考默读"链接阅读"中燧人钻木取火的故事。

（2）出示填空：这个故事讲的是燧明国里叫（燧木的火树）曲盘起来有一万顷地那么大，能够发出（火光），（圣人）受到启发，模仿鸟类（啄木），试着用（小木棍钻木），果然钻出了（火）。

（3）圣人与普罗米修斯取火的方式有什么不同？请引用文中的语句说说。

2. 链接阅读2

《中国神话传说》中的《阏伯盗火》。

（1）让学生带着思考默读《阏伯盗火》。

（2）《阏伯盗火》与《普罗米修斯》的相同与不同之处是什么？

（3）小结：只有爱才是永远的神话！

设计意图：教学时结合本单元"快乐读书吧"的读书活动，利用已经学过的课文激发课外阅读的兴趣，通过不同角度引导学生进行比较阅读，从而激发学生阅读整本书的兴趣。

（四）课后，推荐阅读，持续阅读

推荐课外阅读：《世界经典神话与传说故事》和《中国神话传说》。

设计意图：推荐的两本书，均以教材介绍的阅读方法为核心，结合本册的语文要素，设置了一系列阅读指导，引导学生更好地开展阅读实践，继而激发学生阅读兴趣，激励持续阅读。

【板书设计】

14.普罗米修斯

永恒的神话

设计意图：好的板书是一篇文章浓缩了的精华，是直观的教学法，是课堂教学中师生双边活动的缩影，能直观反映教学过程。本节课的板书分成两个层面：首先采用图文结合，并用思维导图呈现，让学生更加直观地了解课文主要内容，便于学生概括主要内容；其次走出文本内容，板书文章的中心"爱"，并配上简笔画"心形"，让学生走出神话感受鲜明的人物形象。

【教学反思】

在教学中作为学习活动的组织者、引导者、促进者的教师可抓住文本的价值取向，在品读和想象中加深学生的情感体验，从而促进学生对普罗米修斯品质的进一步感悟，激发对英雄普罗米修斯的崇敬之情，引导学生从人物身上去吸取力量，做一个善良、无私、坚强、勇敢的人。通过感悟读和分角色读课文中的对话，重点品读一个反问句和一个感叹句体会普罗米修斯坚定的态度——决不归还火种。最后引导学生创编故事结局，感悟"大爱"的精神和大力神的正义感就是永远的神话，从而带领学生走出神话，学习为民造福、不惜牺牲自己的精神典范就水到渠成了。

在阅读链接《阏伯盗火》和《普罗米修斯》教学环节中让学生去阅读、理解的时间比较仓促，没有时间让学生独学—研学，未能完成预设目标。

"快乐读书吧"是本册神话单元的拓展与延伸。教学时结合本单元的"快乐读书吧"安排的读书活动，利用已经学过的课文激发学生课外阅读的兴趣，通过不同角度引导学生进行比较阅读，发现"阅读链接"、《阏伯盗火》和《普罗米修斯》不同篇目之间的联系或差异，从而激发学生阅读整本书的兴趣，引导学生进行更加丰富、深入的阅读实践。

想象是学好语文的基本能力。课堂上，教师借助多媒体课件举象、造境，引导孩子入情入境地研读文本，设计了两个画面理解锁之痛和啄之苦。学生感受普罗米修斯身上的痛苦，品味其身上不屈不挠的品质，都十分到位。大部分学生能从中体会到神话的魅力，情感和方法都能拓展迁移到课末的"阅读链接"。

《义务教育语文课程标准（2022年版）》明确指出：阅读是学生的个性化行为，不应以教师的分析来代替学生的阅读实践。教师在品读感悟两个画面的环节中停下脚步，花更多的时间让学生反复感受文本语言，潜心研读、品词析句，思维得到碰撞，从中感悟普罗米修斯的高大形象，从而巧妙地突破课文重点。

《蜘蛛开店（第一课时）》教学设计

【设计理念】

我们既要考虑识字，还要考虑学文，顾了头就顾不上尾，事倍功半，油费了灯却不亮。如果把随文识字教学较好地应用到课堂中来，为学生营造出最佳的识字情境和氛围，课堂上充分引领学生通过一篇篇课文的深入学习，在读书中识字，在识字中读书。学生在一段一段文字的学习中，认识新字，学习新字，又在识字之后再次读书，巩固识字，整个过程就像是个完整的链条。这样，能大大地提高识字课堂教学的有效性。

统编版二年级教材每篇课文都要认识十几个生字，还要会写十个以内的汉字。这就要求教师在课堂内必须给予学生有效的识字写字指导。这一节课的教学设计着眼于让学生在故事情境中，通过整合教材有关联的词语串联出不同类别的生字词语。学生通过组词来理解词义，知晓事物，辨析字形，区分词性。整个识字的过程始终融合学生的生活经验，将记忆由点状无关联聚焦成块状有关联，帮助学生生成丰富的词汇储备。

同时也要把朗读和识字有机地融为一体，识字后的读书过程就是新字的再现过程，就是学生巩固新字的过程。在朗读中识字，在识字中朗读，迎合了学生好动、好奇、注意力不易长时间集中的心理特点，并以此为契机，吸引学生的注意力，激发学习兴趣，达到在愉快氛围中识字。这篇童话没有人物对话，以叙述性语言为主，有部分简单的人物心理活动描写。要读好故事，重在读好人物心理活动描写，以及人物行动的描写。因此，教师给予学生必要的朗读提示，让他们在朗读练习中体会人物形象。在低年级教学中，主要通过各种形式的朗读，从品读中领会、感悟字词、句子的意思、含义及感情，常言道"读书百遍，其义自见"，讲的就是这个道理。

【教材分析】

《蜘蛛开店》是统编语文教材二年级下册第七单元的一篇童话故事，作者是鲁冰。本单元由四个童话故事组成，指向一个主题——改变。单元核心的语文要素是借助提示讲故事。《小毛虫》借助关键词句的提示讲故事；《青蛙卖泥塘》引导学生在理解课文内容的基础上，分角色演一演故事；《蜘蛛开店》则借助示意图讲故事。纵观本册教材，多篇课文课后练习都有讲故事的要求，并辅以多种形式的故事支架，如借助插图、表格、图示等直观形象的提示，降低讲故事的难度，帮助学生掌握故事内容，发展故事思维，为中年级复述做铺垫。

课文讲述了蜘蛛因为寂寞、无聊而想到开店的法子，本来编织是它的特长，它开编织店能发挥长处，但是它却害怕困难而选择了逃避，因此，它开了三次店，最后以失败而告终。文章采用总分的结构方式，先介绍蜘蛛开店的原因，然后介绍它三次开店的过程。前两次，蜘蛛虽然害怕麻烦却完成了编织，但是第三次的时候，它直接溜走了。故事告诉我们做任何事情都不简单，做事情之前要思考清楚，遇到困难不能逃避，要积极想办法。

【学情分析】

经过一年的学习，大部分学生能自主借助拼音来拼读生字，个别学生还需要帮扶。大部分学生积累了一定的学习方法，如加一加、减一减、换一换、组词等方法识记生字，但是还有不少孩子对识字方法的运用不够灵活、多样，需要继续努力。

在组词造句上，语言积累还不够丰富，遣词造句能力还要不断加强。

在课文朗读上，学生基本能做到把课文读通、读顺，但是朗读有拖腔习惯，小部分识字量少的孩子容易因为难字而卡顿，但是基本能借助拼音解决难读的生字。在词语连读、节奏停顿和轻重语气上还需继续加强。

在生字书写上，学生对会写的笔画越来越熟悉，对生字的间架结构开始熟悉，书写速度有一定的进步，但生字在田字格的位置书写和关键笔画的落笔仍需加强指导。

【教学目标】

1. 认识"店、蹲"等15个生字，会写"商店"。

2. 朗读课文，了解课文大意，梳理出课文框架。

3. 能根据示意图、图画讲"蜘蛛第一天卖口罩"的故事。

【教学重点、难点】

教学重点：

（1）认识15个生字，并能理解"店、蹲、编织、商店"等字词。

（2）了解课文大意，能根据思维导图讲"蜘蛛第一天卖口罩的故事"。

教学难点：能根据思维导图讲"蜘蛛第一天卖口罩的故事"。

【教学过程】

（一）课前：谜语引入，营造氛围

1. 出示谜语

（1）蜈蚣：长长身躯百条腿，喜阴不喜阳，钻缝能力强。

（2）河马：叫马不是马，有张大嘴巴，经常在水里，样子挺可怕。

（3）长颈鹿：脖子长长似吊塔，穿着一身花斑褂，跑起路来有本领，奔驰赛过千里马。

2. 指名回答

设计意图：课前管理不仅培养学生的记忆能力、审美能力，激发学生学习的兴趣，还能扩大学生的知识面，完善其知识结构，兼有对学生思想教育功能。本节课内容是与"蜘蛛"有关的童话故事，教学对象是二年级孩子，所以设计了与本节课相关的谜语，活跃课堂气氛，拉近师生距离，从而激发学生的学习兴趣，为引入新课、学习新知做铺垫。

（二）课始：朗读经典，聚集注意

四字词：信心十足、愁眉苦脸。

歇后语：螃蟹过街——横行霸道。

谚语：蜘蛛结网天放晴。

古诗：《咏柳》。

设计意图：课始，怎样让学生尽快进入学习状态呢？这就需要老师用智慧、细节去精心营造。我校近10年的"实效课前一分钟诵读"是成功的尝试。本节课通过诵读"四字词""歇后语""谚语"和"古诗"，快速集中学生的注意力，同时帮助学生有效积累课外知识，提高语文的综合素养。

（三）课中：疏通文脉，随文识字

板块一：趣讲故事，导入新课

（1）出示小动物蜘蛛（张贴），板书：蜘蛛。

（2）教师边播放视频边讲故事。

（3）出示课文内容，板书课题。（教师重点讲解"店"：一笔点，二笔横，三笔撇，要舒展，四笔竖，竖在竖中线，五笔短横，最后这个"口"字要写得扁一些）

（4）全体学生齐读课题。

设计意图：课堂上以"蜘蛛"引入新课，接着边播放视频，教师边讲故事，这样设计为本节课的教学重点"借助提示讲故事"做好铺垫，也激发学生的学习兴趣，拉近学生与教师和文本的距离。

板块二：感知课文，认读生字

1.检查读音，归类识字

（1）检查"顾客、商店"等12个词语的读音。

（2）归类认字：寂寞、编织和蜈蚣。

（3）关联识字：编织→袜子、口罩

学习"编织"：①理解"绞丝旁"多与丝线、纺织、布匹有关；②用简笔画引导学生理解"编织"。（教师说：蜘蛛用吐出来的丝横着织，竖着织，斜着织，这样编成了大大的蜘蛛网，就是"编织"）

学习"袜子"：①复习"衣"字旁，与衣服有关；②拓展组词，关联记忆。

学习"口罩"：①借助字理识字；②拓展组词，关联记忆。

设计意图：《义务教育语文课程标准（2022年版）》指出："识字写字是贯穿整个义务教育阶段的重要教学内容，识字教学要将儿童熟识的语言因素作为主要材料，充分利用儿童的生活经验，进行识字，注重教给识字方法，力求识用结合。"本环节教学中先通过"编织"关联"袜子""口罩"等词语，再结合形象直观的图画让学生理解词义，区分词性等。整个识字的过程把"点状"教学变为"线状"教学。

2. 联系生活，理解识字

（1）出示句子：有一只蜘蛛，每天/蹲在网上/等着小飞虫/落在上面，好寂寞，好无聊啊。

（2）联系生活理解识字："蹲在""寂寞"。

① 让学生做"蹲在"的动作，从中理解词义，相机指导朗读。

② 让学生联系生活想想：什么时候感到"寂寞"？

③ 相机小结："宝盖头"与家有关，家里只剩下自己一个人，小蜘蛛多寂寞啊。

（3）指导朗读。

设计意图："寂寞""蹲"都是本课生词，也是蜘蛛开店的原因。"蹲"是个动作，借助直观形象的肢体动作准确理解；"寂寞"是一种抽象的情绪，借助句式练习和生活经历，感受每天做同一件事情的心情，深入理解"寂寞"，让接下来的故事发展合情合理。

板块三：再读课文，整体感知

1. 独学

（1）出示学习指南要求：

① 每一次卖什么？用"○"圈出来。

② 招牌写了什么？用"＿"画出来。

③ 顾客是谁？用"（　）"画出来。

④ 结果怎么样？用"＿"画出来。

（2）学生带着问题独学。

2. 共学

（1）出示汇报要求：蜘蛛卖（　　　），写了招牌后，（　　　）来了，结果（　　　）。

（2）指导学生按照要求汇报。

（3）教师相机板书：口罩—河马——整天；围巾—长颈鹿——一个星期；袜子—蜈蚣—匆忙跑回网上。

设计意图：这个故事篇幅虽然较长，但是采用了反复式结构，三个情节相似，学生在自由读故事中，能快速提取主要的信息，即蜘蛛卖了什么，分别来了哪些顾客，建立框架印象。这是本课时教学的重点，也就是教学目标第二条。本环节借助问题帮助学生梳理课文内容，接着采用"填空式"汇报，教师相机板书，用思维导图帮助学生呈现故事框架，为后面讲述故事做好铺垫。

板块四：梳理故事，关联识字

1. 聚焦原因

蜘蛛决定开一家商店。卖什么呢？就卖口罩吧，因为口罩织起来很简单。

（1）指导朗读。

（2）学习"商店"。

① 借助图片识字。

② 借助儿歌识字。

③ 联系生活认识"店"，教师问：你们在生活中见过哪些店？（预设：书店、面包店。）

师：出示PPT（花），卖花的我们称"花店"；出示PPT（书），卖书的我们叫"书店"；出示PPT（水果），卖水果的叫"水果店"。其实我们不难发现，这家店卖什么就叫什么店。

（3）指导书写。

① 出示写字口诀：一看结构，二看位置，三看笔顺。

② 教师范写"商店"。

③ 学生书写。

④ 教师相机巡查并点评。

设计意图：书写指导的原则是根据字义、字形结构，分类指导。写字指导，选择结构较难的半包围结构的"店"字和上下结构易错的"商"字来指导，突破难点，重在引导学生体会合体字的间架布局，以及关键笔画的定位。教师编写口诀，帮助学生抓住书写重点，力求做到"提笔即是练字时"。

2. 聚焦顾客：第四自然段

（1）师：商店一开，招牌一挂出来，第一位顾客马上就来了。

（2）指导朗读。

（3）学习"顾"和"颈"。

① 观察字形，找出共同部件"页"。

② 解释"页"：古时候的"页"字旁是这样写的（出示PPT），带"页"字旁的字大部分与头部有关系，带有"页"字旁的字有很多，（出示PPT）：顶（头顶）、额（额头）、颈（颈部）、颊（脸颊），都与我们的头部有关系。

设计意图：低年级识字量大，如果集中识记字形会增加难度，也不符合儿童的识字心理和认知规律。最好的解决办法是在学习课文的时候分散识字。一年级下期，已经出现熟字带生字，部首字归类，同音字，多音字，形近字。在学习课文的时候，就要逐步渗透利用字的特点进行识记教学。本环节抓住"页"字旁，拓展认识相关的汉字。

3. 串成儿歌，巩固生字

（1）出示儿歌：寂寞蜘蛛开商店，顾客前往编织店。大嘴河马买口罩，长颈鹿来买围巾，多脚蜈蚣买袜子，蜘蛛匆忙跑回网。（儿歌中的生字标红）

（2）让学生拍拍手，一起有节奏地读儿歌。

（3）生字从儿歌中跳出来了，开火车读一读。

设计意图：本课生字较多，用学生喜欢的儿歌复现生字，再加入游戏的形式，既能及时复习生字，也是对整篇故事的回顾。

（四）课末：巧借"东风"，讲好故事

（1）出示思维导图。

（2）同桌练习讲故事。

（3）师生合作讲故事。

设计意图：选择"卖口罩"这个情节细读，梳理出一条故事线索：卖口罩、河马、嘴巴大、一整天，为讲故事提供支架。讲故事的目标与评价相对应。接下来的"卖围巾"和"卖袜子"与之相似，"理、读、讲"就水到渠成了。这个环节的细读，仍然循着蜘蛛的心情来体会故事，"一整天"的理解与第一环节"每天"呼应，既是对时间的理解，又渗透了情境说话训练，落实阅读课的目标。

（五）课后：分享故事，争做"大王"

"我是故事大王"评价记录表见表3-1。

表3-1　我是故事大王

序号	评分标准	星级评分	听众签名
1	故事完整，表达清晰	☆	
2	声音响亮，表情丰富有动作	☆☆	
3	能加上自己的想象，把故事讲生动	☆☆☆	

设计意图：讲述故事是尊重文本语言风格的复述，体现由扶到放的过程。课堂是"扶"的阶段，主要引导儿童发现语言支架；在"半扶"阶段，让儿童根据语言支架课后再练习复述，并且配以相应的评价表，为第二课时"放"的阶段做好铺垫，让学生根据插图和课后思维导图，以及对人物形象的理解与熟悉，达到能力的提升。

【板书设计】

设计意图：好的板书是师生双边活动的缩影，能直观形象地反映课堂教学的全过程。本节课以"蜘蛛网"把蜘蛛三次开店卖什么，客人是谁，结果怎么样梳理出框架，帮助学生厘清文章脉络，从而为学生讲故事做好铺垫。

【教学反思】

《义务教育语文课程标准（2022年版）》指出：义务教育语文课程按照内容整合程度不断提升，分三个层面设计学习任务群，其中第一层设"语言文字积累与梳理"一个基础型学习任务群。本学习任务群旨在引导学生在语文实践活动中，积累语言材料和语言经验，形成良好语感。《蜘蛛开店》要求认识生字十五个，会写生字十八个。我们既要考虑识字，还要考虑学文，顾了头就顾不上尾，事倍功半。因此，我在教学时想方设法地创设真实而富有意义的学习情境，积极利用网络资源平台拓展学习空间，营造灵动的语文课堂。

（一）借助形象导图，身体灵动

在教学中，教师高高在上，不可亲近，导致学生出现畏惧心理，学生身体极度紧张，害怕与老师交流。所以很多公开课上，学生大气都不敢喘一声，规规矩矩地坐着扮演"乖学生"，老师只能独角戏唱到底。小学阶段的儿童，主要以直接兴趣为主，直观形象的"东西"特别容易调动学生的积极性。抓住这一特点，我在学习"编织"时，是这样设计的：在森林里有一只大蜘蛛（老师在黑板画上蜘蛛简笔画），它吐出来的丝横着织，竖着织，斜着织，这样不久就织好一张大大的蜘蛛网了（老师画出蜘蛛网状的思维导图）。老师一边解说一边示意孩子举起右手跟着老师画出"蜘蛛织网"的思维导图。这时，全班学生嘴里跟着老师说"横着织，竖着织……"，学生的身体跟着老师的节奏一起灵动起来。全班学生听着老师解释，跟着一起描画，看着形象直观的"蜘蛛网"，"编织"的意思就润物细无声地印在学生的脑海里了。

思维导图是表达发散性思维的有效图形工具，它以直观形象的图示，建立起各个知识概念之间的联系，能够有效地开发人脑的潜能。本单元由四个童话故事组成，指向一个主题——改变。单元核心的语文要素是借助提示讲故事，《蜘蛛开店》则借助示意图讲故事。根据单元主题和教材教学目标，课末设计了课文故事内容的思维导图，指导学生复述故事。这样，课文的重难点简单化，呆板的课文内容可视化，学生运用思维导图复述故事，则会事半功倍。

教师巧于借助形象的思维导图，创设多层次的综合体验。学生的身体也跟着教师的节奏律动起来，聆听时沉浸、享受，汇报时投入、忘我，这不就是大多数教师想要的灵动课堂吗？

（二）整合多种媒介，精神灵动

《义务教育语文课程标准（2022年版）》指出：积极地利用网络资源平台拓展学习空间，丰富学习资源，整合多种媒介的学习内容，提供多层面、多角度的阅读、表达和交流的机会，促进师生的多元互动。《蜘蛛开店》是统编教材二年级下册第七单元的一篇童话故事。课文讲述了蜘蛛因为寂寞、无聊而想到开店的法子，但是开了三次店，最后以失败而告终。课始，借助网络动画视频，我戴上头饰现场配音导入新课。这样强烈的生动的画面感，加上教师现场讲解的真实场景，再配上夸张的肢体语言，学生的灵魂一下子被带进了预设的学习节奏，学生的精神也得到了充分的滋养。

课末复述故事时，出示《蜘蛛开店》的绘本，共五幅，配上音乐。这时，学生已经兴奋起来，我顺势而上——先邀请学生与自己看着绘本，合作完成复述故事；接着让学生同台合作讲绘本；再请出五位学生合作讲绘本；最后课下借助"接龙管家"开展讲绘本视频评选大赛。这样层层推进，环环相扣，行云流水，教学目标的达成自然就水到渠成了。

教师研读教材时，就要找准训练点，借助信息技术跨学科地整合多种媒介，促进多元的师生互动。学生精神放松而灵魂集中，主动地参与教师预设的多层面、多角度的表达和交流，这难道不是老师渴望的灵动课堂吗？

（三）采用多元方法，生命灵动

《义务教育语文课程标准（2022年版）》明确指出："第一学段要让学生喜欢学习汉字，有主动识字的愿望。"识字是学生学习知识的开始，是形成读写能力的先决条件，学生只有认识并学会一定数量的字词，才能理解书面材料，才能用书面语言表达自己的思想和情感。识字教学的成功与否，直接影响着语文教学的整体效率。那么，如何根据低年级学生天真活泼、思维活跃的年龄特征，采用多元的识字方法开展识字呢？

1. 关联识字

在教学"编织"时，从两个字的结构相同关联认识了"寂寞""蜈蚣"。再取其"编织"的意思关联了"衣服""袜子""口罩"等生字词的认读。接着从"袜子"关联了带衣字旁的生字"裙""裤""被"，巩固部首，拓展生字。从"口罩"的"罩"的字形演变，关联了"面罩""灯罩"，进一步加深对"罩"的认识。

这样用关联的词语串联出不同类别的生字词语。学生通过组词来理解词义，知晓事物，辨析字形，区分词性。整个识字的过程始终融合学生的生活经验，将记忆由点状无关联聚焦成块状有关联，帮助学生生成丰富的词汇储备。

2. 联系生活

语文来源于生活，在生活中学语文，这是"大语文教学观"的需要。在语文教学中，渗透学生的生活，使语文教学返璞归真，应让语文教学回归生活。同时生活又是学生学习的源泉，是课堂教学生活化的延伸。"寂寞"是一种抽象的情绪，教师若用语言难以表达清楚，若用文字又过于抽象，二年级的学生难以理解。所以教学"寂寞"时，预设了一个问题："孩子，你们有过寂寞的时候吗？"学生马上联系生活，抢着回答："爸爸、妈妈加班，一个人在家时，感到十分寂寞……""我被妈妈送到午托班，最初都是不认识的人，感到十分寂寞……"这样借助生活经历，不用教师多费唇舌，学生就已经理解了"寂寞"的意思。

在教学"蹲"时，我也没有过多地解释，而是扮演了"趴"和"蹲"两个动作，让学生辨别，学生很快区分出两个动作的不同。接着请学生扮演"蹲"，此时再采访这个扮演者："你蹲在这里，身上哪里最累？"全班同学都入"戏"了，异口同声地说："脚！"我再分析这个字是形声字，左形右声，左边是"足"字旁，右边是"尊"，表示读音。这样联系生活，借助直观形象的肢体动作准确地理解字义，更加容易点燃学习的热情，帮助学生找到学习的最佳状态。

总之，生活中处处有语文，也处处用到语文。语文教学生活化，可以优化教学过程，让学生的生命灵动起来，让语文课堂回归原点。

3. 儿歌识字

儿歌具有丰富的语言表达效果，能弥补传统识字教学方法的不足，降低识字教学难度，提升教学质量。儿歌识字教学法比传统的教学方法更加生动，能让学生从感情层面加深对汉字的理解与认识，便于记忆。课末，我结合本节课的课文内容和所学的生字创编了一首儿歌：寂寞蜘蛛开商店，顾客前往编织店。大嘴河马买口罩，长颈鹿来买围巾，多脚蜈蚣买袜子，蜘蛛匆忙跑回网。这样具有较强的节奏感、韵律简单的儿歌，达到了课末快速聚集学生精神，再次点燃识字热情，从而课结束趣犹存的效果。

基础型学习任务群通过观察、分析、整理，发现汉字的构字组词特点，掌握语言文字运用规范，感受汉字的文化内涵，奠定语文基础。因此，教师在教学时要立足核心素养，巧借"东风"，整合多种媒介，采用多元方法，让学生的身体灵动、精神灵动、生命灵动，立体化地构建"灵动"的语文课堂。

《动物的外形》教学设计

【设计理念】

朱熹说："教人作诗，多是模仿前人而作之，善学之既久之，自然纯熟。"曹廷华也说："以作家创作实践来看，古今中外的作家在进行创作时，总要接触前人的文学作品，从中吸取营养，获得创作经验，而不能'白手起家'。"作家创作如此，初涉习作的学生更应该如此。心理研究表明：小学阶段的学生，只有依靠感性的经验支柱，才能真正理解抽象概念和命题意义。故而指导习作时，教师巧用范文显得十分重要了。

从建构主义理论来看，"范文"是一种先行的认知"图式"，学生以此建构起语言形式、文体结构的模型。范文是学生习作有效练习的途径，可以让学生模仿和运用，让学生有章可循、由仿到创。巧用教材中的经典例文《搭船的鸟》和经典文章《翠鸟》的片段，通过对范文的模仿和借鉴，学生把范文的表达方式转化为自己的表达技能。还可以提供"另类"范文，出示"病文"，体验写法，引导学生在反复的修改中掌握写作要求，感受写作乐趣。范文只有用得巧，才可以发展儿童的言语、思维，建构儿童丰润的生命力。

【教材分析】

部编版三年级上册八个单元的习作中，编者共安排了三个单元培养观察能力。第二单元没有明确地提出观察的要求，但是从"写日记"这个内容来看，离不开观察。第五单元是习作单元，整个单元都在培养学生"学会留心观察，并将观察所得写下来"的语文素养。第六单元中习作的要求是把身边的美景介绍给别人，写之前仔细观察，写的时候试着运用从课文中学到的方法，围绕一个意思写。可见，整个三年级的教材，都非常注重培养学生的观察能力，要求也呈"螺旋式上升"，正如人民教育出版社小学语文编辑常志丹老师所说："观察能力是习作的根本能力之一，对观察能力的培养应该贯穿习作训练始终。"

三年级上册第五单元不论是在"单元导语""精读课文""交流平台"中，还是在"初试身手""习作例文与单元习作"中，都强调一个词——"观察"。由此可见，培养学生的"观察能力"是本单元的主要目标。

本单元的第一课是《搭船的鸟》，根据本单元的导语："生活中不缺少美，只是缺少发现美的眼睛——［法国］罗丹。""体会作者是怎样观察事物的。""仔细观察，把观察所得写下来。"结合选文的特点，足见编者选文的意图是在中年级的阅读教学中渗透写作的方法指导。课文第二、三、四自然段是全文的重点，第二自然段从静态角度描写翠鸟外形的色彩之美。

【学情分析】

三年级是低年级向高年级的过渡时期，习作训练则刚刚处于起步阶段。学生虽有尝试的兴趣，但因刚开始接触，缺少方法与经验，写作前往往不会观察，写作时抓不住主要特点。学生生活阅历比较浅，所学知识有限，思维特征仍以具体形象思维为主，故教学设计一定要直观和富有趣味性，让学生在"赏"中学，在"玩"中学。

【教学目标】

按照一定的顺序，发挥丰富的想象，恰当运用比喻等修辞手法，有条理地把自己最喜欢的小动物的外形写下来，培养喜爱小动物的情趣。

【教学重点、难点】

按照一定的顺序，运用比喻等修辞手法写一种动物的外形。

【教学准备】

1.认真观察一种小动物。

2.收集描写小动物外形的词、句、段、篇。

3. 教学课件。

【教学过程】

（一）我知道

（1）谈话导入：同学们，动物是我们人类的好朋友。在我们的身边就有许多可爱的小动物，今天老师把大家熟悉的动物朋友都请到了我们的课堂，你们知道它们的名字吗？知道的就大声地喊出它们的名字，好吗？（课件出示动物图）多可爱的动物朋友啊！

（板书：动物）

（2）师：以前我们曾经积累过许多带有动物的词语或者诗句，谁来说几个？

（3）指名让学生汇报。

（4）师：课前，老师也收集了一些大家已经学过的带有动物的成语和诗句，请同学们自由读一读吧。

（5）课件出示带有动物的诗句和成语。

① 成语：草长莺飞、大雁南飞、猴子观海、鸟语花香、九牛一毛、守株待兔、亡羊补牢、惊弓之鸟。

② 诗句：

路人借问遥招手，怕得鱼惊不应人。

小荷才露尖尖角，早有蜻蜓立上头。

两个黄鹂鸣翠柳，一行白鹭上青天。

儿童急走追黄蝶，飞入菜花无处寻。

（6）师：小朋友们，在这美丽的春天，黄鹂来了，白鹭也来了，黄蝶却飞进了菜花中无处寻找。我们可爱的小燕子也赶来了，你看，多机灵活泼的小燕子呀！你能用一两句话介绍介绍你所看到的小燕子是什么样的吗？

① 指名答。

② 相机点评并板书：羽毛、翅膀、尾巴。

（7）猜谜语。

①（课件出示第一幅谜语让学生猜）

师：小燕子是多么活泼机灵啊，可有的小动物却很调皮，看，它跟我们玩起了猜谜的游戏呢！

②（读课件的谜语）写了这种小动物的什么？分哪几部分来写？

相机板书：耳朵　身子　鼻子　腿脚。

③ 小结：羽毛、翅膀、尾巴、耳朵、身子、鼻子、腿脚，这些都是动物们的外形。板书：外形。

④（课件出示第二幅谜语前两句）

师：但看这两句话，你可能会猜是什么？（鸡）你会想到我们学过的哪首诗？为什么？

⑤ 如果加上后两句，（课件出示第二幅谜语后两句）你就会猜出是什么？（鹅）它又会使你想到了哪首诗？

⑥ 小结：小朋友们，你看，写小燕子，作者就抓住了羽毛、翅膀、尾巴的特点表现小燕子的机灵活泼。写猪，作者就选了最能表现猪的耳朵、身子、鼻子、腿脚的特点来写。所以，我们要表现动物的外形，必须要抓准特点。板书：抓特点。

（二）我会品

（1）师：在我们学过的课文里，一些小动物在作者的笔下，是非常机灵可爱的。

（2）出示范文：统编版第五单元《搭船的鸟》的第二自然段。

（3）全班齐读。

（4）师：回忆作者是怎么样写"搭船的鸟"的？

（5）指名回答。

（6）预设：抓住"鸟"的外形特点，重点写了羽毛、翅膀、长嘴。

（7）师：回忆作者描写外形时重点抓住什么来写的？

（8）预设：颜色（翠绿、蓝色、红色）。

（9）小结并板书：抓特点。

（三）我会说

（1）师：那么，你最喜欢的小动物是什么呀？（指名说）

大家都有自己喜欢的小动物，他们的外形是怎样的呢？请你拿出你喜欢的动物图片，在小组里说一说吧！（小组交流）

（2）课件出示：

①你最喜欢的小动物是什么？

②它的眼睛、耳朵、鼻子、嘴、身（羽毛、皮毛）、四肢（翅膀）是怎样的？（可以选择最能表现这种小动物外形的几部分来说）

（3）学生交流说。

（4）指名说，点评。

（5）出示范文。

师：下面就让我们来欣赏描写翠鸟的精彩片段吧。

（出示课件：《翠鸟》片段）

师：这段话先写了翠鸟的什么？再写了翠鸟的什么？

生1：按照从"羽毛—翅膀—尾巴"的顺序写的。

师：你是一个很会观察和善于概括的孩子（老师抚摸孩子的头）。你能更完整地说说：先分写了……再总写了……吗？

生2：先写羽毛、翅膀、尾巴，再写小燕子是机灵活泼的。

师：善于概括的孩子，老师最佩服（老师竖起大拇指）。像小燕子的外形特点，作者先抓住羽毛、翅膀、尾巴去写，然后才写小燕子是机灵活泼的，这是什么顺序？

生3："部分—整体"的顺序。

师：回答精彩！（全班响起掌声）这就是"部分—整体"的顺序，我们还可以有哪些写作的顺序呢？

生4：整体—部分。

生5：上—下。

生6：头—脚。

师：再读这一段话，你觉得这段话除了有顺序，还有什么地方写得好？

生7：运用比喻。

（板书：写生动，巧比喻）

生8：这段是按"整体—部分"的顺序写的。

师：你能具体说说吗？

生9：先抓住翠鸟颜色鲜艳、小巧玲珑的特点，这是整体的介绍，再按照头上的羽毛—背上的羽毛—腹部的羽毛—眼睛—嘴的顺序介绍。

师：完美，恭喜你成功抢了我的总结台词。

（相机补充板书：顺序：整体—部分；写生动，巧比喻）

（四）我会学

（1）出示：公鸡图。

（2）师：前几天，老师在农场上看到了一只很漂亮的大公鸡。你看，多神气可爱的大公鸡呀。于是，老师忍不住把它拍了下来，还学着写翠鸟外形的方法把这只大公鸡的外形写了下来！

（3）出示"病"文：

这是一只大公鸡。它的鸡冠和羽毛很好看。脖子的羽毛、腹部的羽毛和尾巴的羽毛也特别好看。它很强壮，一双小小的眼睛下面，长着一张嘴。

师：你们有办法让这段话变得更吸引人吗？

生1：这是一只神气十足的大公鸡。红艳艳的鸡冠像一顶红色的帽子戴在头上。它的羽毛色彩缤纷。脖子的羽毛、腹部的羽毛和尾巴的羽毛特别引人注目。它很强壮，一双小小的眼睛下面，长着一张嘴。

师：你很有写作潜能，运用拟人和比喻把句子写得很生动。（全班鼓掌）还有同学能在这位同学的基础上描述得更加吸引人吗？

生2：这是一只神气十足的大公鸡。红艳艳的鸡冠像一顶红色的帽子戴在头上。它的羽毛色彩缤纷。脖子的羽毛、腹部的羽毛和尾巴的羽毛特别引人注目。它强壮威武，一双小巧晶亮的眼睛下面，长着一张弯如铁钩的嘴。

师：我真为你骄傲！（全班鼓掌）在优秀的人面前还表现这么出彩——把公鸡的嘴比作铁钩，写出公鸡的威武。还有更勇敢的同学把两位优秀的同学发言变得更优秀吗？

（全班沉默）

师：你们可以先观察PPT图片的公鸡，各个部位的羽毛是什么颜色的？

（有几个学生跃跃欲试）

生3：这是一只神气十足的大公鸡。红艳艳的鸡冠像一顶红色的帽子戴在头上。它的羽毛色彩缤纷。脖子的羽毛是金色的，腹部的羽毛是红色的，尾巴的羽毛是雪白的。它强壮威武，一双小巧晶亮的眼睛下面，长着一张弯如铁钩的嘴。

师：你是一个善于观察的孩子，而且句式很整齐。（老师竖起大拇指）如果能运用比喻会更生动，如脖子的羽毛像金灿灿的围巾，闪亮闪亮的……

生4：这是一只神气十足的大公鸡。红艳艳的鸡冠像一顶红色的帽子戴在头上。它的羽毛色彩缤纷。脖子的羽毛像金灿灿的衣领（老师引导：换成"围巾"更可爱），闪亮闪亮的，腹部的羽毛像红色的外衣，尾巴的羽毛像雪白的丝巾（老师引导：换成"长袍"更恰当）。它强壮威武，一双小巧晶亮的眼睛下面，长着一张弯如铁钩的嘴。

（借助手机语音转换文字功能，现场转换学生发言的文字呈现在PPT上）

（4）引导学生评议作文。（根据板书）

① 你觉得几位的作文怎么样？谁帮忙分析一下？

（写作的顺序？运用的修辞手法？）

② 问：对于同学的作文，你有什么好的建议？你有没有想到了什么诗句？（引出《画鸡》中的诗句：真是"头上红冠不用裁"啊！）

（5）教师板书小结：

小朋友们，只要我们注意观察，抓住事物的特点，展开你的想象，适当地使用一些修辞手法，或者引用一些名句、诗句，相信你的文章也一定写得很精彩。

（6）师：课前，老师收集了一些写小动物外形的词语，我把它们都送给你了。大家轻声读一读，或许等一下你在写作的时候可以用得上。

（出示课件）

好词送给你：

胖乎乎　毛茸茸　滑溜溜

油亮亮　红艳艳　黑漆漆

五颜六色　黑白相间　色彩缤纷

鲜艳夺目　小巧玲珑　威武强壮

活泼机灵　调皮可爱　俊俏轻快

（五）我会写

（1）师：下面就让我们进入我会写"练笔工作室"，把你最喜欢的小动物的外形介绍介绍吧。在写之前，请读读下面的内容，也许对你会有帮助的。

（2）出示课件：（我会写）

① 我真棒：☆☆☆

书写认真，抓住小动物的外形特点，运用积累的词语，按一定的顺序写。

② 我是小作家：☆☆☆☆☆

字体工整，能抓住小动物的外形特点，按一定的顺序，巧妙运用比喻或引用诗句写。

③学生自由习作（出示众多动物和好词的课件），教师巡视指导。

（六）我会评

（1）师：小朋友，时间过得真快，我们就要进入"我会评价俱乐部"了。好的习作应该让大家一起来分享，下面就让我们一起来分享我们的习作吧！

①自我认可。

大声地读自己的习作，我的习作（　　）

A.流利　　　　　B.比较流利　　　　C.不流利

小声地读自己的习作，我对自己的习作（　　）

A.满意　　　　　B.比较满意　　　　C.不满意

②找出自己认为最满意的词语或者句子，美美地读一读。

（2）接下来请你朗读同伴的习作，找出你认为写得好的词语或句子，在旁边画星。（出示课件）

好的词语：☆

好的句子：☆☆

老师想采访一下，你为什么觉得这个词（句子）写得好？

（3）师：完成习作的同学请填好同伴分享认证表。比比谁是最成功的小老师。开始吧！（课件：同伴分享）

同伴分享小伙伴：_____

①习作书写（　　）

A.工整　　　　　B.比较工整　　　　C.不够工整

②错别字（　　），我订正了（　　）个字

A.没有　　　　　B.较少　　　　　　C.较多

③小动物的特点（　　）

A.突出　　　　　B.比较突出　　　　C.不够突出

④我评的成绩是（　　）

A.优秀　　　　　B.良好　　　　　　C.达标

（4）修改、赏读。

①师：俗话说，文章不厌百回改。如果让你来修改你的习作，你会怎样修改呢？（先找一个同学的文章做投影示范，问：你有什么好的建议要送给这位

同学呢？）

②下面请小朋友根据修改小贴士再去修改一下自己的习作。

（课件：我会改）

③我们看同学们修改得怎么样。（再找同学的习作投影）

④小结：小朋友，别人都说，一篇好的习作都是修改出来的。希望你们以后写文章可以做到不厌其烦，反复修改锤炼，这样，你的写作水平一定会得到很快的提高！

（七）摘星作业

三星级：慧眼金睛，按照同学的"认证表"，再次修改自己的习作。

五星级：小小作家，修改后认真抄写自己的习作。

【板书设计】

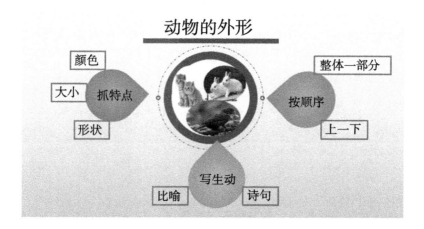

【教学反思】

花未全开月未圆

老师要在适当的时候"装傻"。课始，我假装是一个动物的"小迷妹"，引导学生介绍各种小动物的名字、外形特点、生活习性；我假装是一个"小白"，引导学生说说带有动物的成语、诗句等。天真可爱的孩子就被爱"装"的我一步步激起学习的热情。老师还要在适当的地方"点火"。课中，我播放了一段"神气的大公鸡"视频，然后再出现"病文"，让全班的"小医生"一起看诊，想办法让"神气的大公鸡"变得更吸引人。学生的"火"一下子被煽着了，才思泉涌，畅所欲言。

"花未全开月未圆"，大成有"缺"。那我"缺"在哪儿呢？拖堂了，总是不好，如何在40分钟和学生交流？要舍什么？这节课的教学主线是"我知道""我会品""我会说""我会评""我会写"和"我会评"六个板块。为了突显这一主线，课上我安排了两个回合的交流，两个回合的观察，最后"我会评价俱乐部"，那么这六个板块是否该进一步删繁就简？"我知道"是课始铺垫，可否再压缩？和"我会品"的文段是授之以渔，的确需要"咬文嚼字"，是否过于"细咽慢嚼""水至清则无鱼"？这节课，多处引经据典，是否过"度"了？只是"顺手一投抢"，那老师"顺手"多了，学生是否会目不暇接？教育是慢的艺术，老师应有农夫的思想，有静待花开的心理准备，不要急功近利，时刻不忘"播下希望的种子"。

《小毛虫（第二课时）》教学设计

【设计理念】

温儒敏教授说：要防止教学中过多"活动"，把读书当作活动的"支架材料"。最重要的还是读经典，读基本的书。在本节课的教学中，我以"读"为主要的教学手段，通过"初读—品读—延读"完成本节课的教学任务，突破教学重难点。首先让学生通读全文，在读中梳理上一节课的内容。其次带领学生品读重点文段，读中体会小毛虫的变化，读中品悟成长的自然规律。那什么是好课？温儒敏教授认为能按下读书的悬念，播下"读书种子"的课就是好课。没有课外阅读，那语文教学就只是"半截子"的。最后，在课末拓展延读《毛毛虫的天空》，培养学生的阅读兴趣，从课内走向课外。

语言文字的训练点也很多，语文教师应充分发挥阅读教材的引领功能，让学生"一课一得"，进而"得之有效"。所谓"一课一得"，是指教师在引导学生学习课文时不是面面俱到，而是只取其中一个训练点，重点落实。本文在第七单元的前面两课的学习铺垫上，已经学习了抓住关键词句来复述故事。因此，在本节课中，我选择了复述故事这个训练点，并采用了"借助课文插图填空式复述"和"抓住关键词句复述"两个方法，指导有梯度，训练有层次，落实本节课的语文要素，达到"一课一得，得之有效"。

【教材分析】

《小毛虫》是统编版语文二年级下册第七单元中的一篇科普性童话，课文以童话形式讲述了一只小毛虫从结茧到破茧成蝶的过程，从而告诉人们：每个人都有自己该做的事情，万事万物都有自己的规律，学会等待，不断努力，最后自然会破茧成蝶。

【教学目标】

1. 能正确流利有感情地朗读课文，读出小毛虫不同时期的特点。
2. 能明白小毛虫的变化规律，体会故事蕴含的道理。
3. 能借助提示用自己的话讲故事。

【教学重点、难点】

教学重点：抓住重点词语、联系上下文理解关键语段，明白小毛虫的变化规律，体会故事所讲述的道理。

教学难点：能借助提示用自己的话讲故事。

【教学过程】

（一）复习巩固，聚焦"小毛虫"特点

（1）我会读：生机勃勃、尽心竭力、耐心等待、与世隔绝、色彩斑斓、九牛二虎之力。

（2）联系课文插图回忆：通过上一节课的学习，小毛虫经历了哪几个阶段？小毛虫有什么特点？（板书：可怜笨拙）

设计意图：课始是课堂教学的准备动作，教师若能精心设计导入，可以起到先声夺人、设疑起兴的作用，为课堂的教与学打下坚实基础。首先，"我会读"复习四字词，帮助学生积累。接着，提出了总览全局的问题：小毛虫在成长过程中经历了哪些变化？并借助课文插图帮助学生回忆了上一节课的课文内容，梳理课文主线，回忆了小毛虫的特点，同时激起了学生的学习兴趣，为下文学习做铺垫。

（二）品读文段，感受"小毛虫"变化

1. 学习第三至第六自然段，读出小毛虫的内心独白

（1）出示句子：尽管如此，它并不悲观失望，也不羡慕任何人。

（2）学习多音字"尽"。

（3）理解"如此"在本文的意思。

（4）相机理解：每个人都有自己该做的事情。

蚂蚁忙着（搬运食物）；蜜蜂忙着（采蜜）；蜘蛛忙着（织网）；知了忙着（唱歌）。

（5）让学生朗读第四自然段，思考：你读出了一条怎样的小毛虫？

（6）理解"竭尽全力"。（板书：竭尽全力）

（7）对比句子，了解小毛虫是怎样编织的。

①它最后把自己从头到脚裹进了温暖的茧屋里。

②它织啊，织啊，最后把自己从头到脚裹进了温暖的茧屋里。

（8）观看"小毛虫织茧"动画。

（9）指导朗读。

（10）躺在茧屋里的小毛虫，它在想什么？（指导读句子）

（11）拓展说话：万事万物都有自己的规律！

①太阳每天从_____升起，从_____落下。

②四季从_____开始，接着是_____、_____、_____。

（12）时辰到了，它清醒过来了，它不再是以前那条笨手笨脚的小毛虫了，它变成了什么？（蝴蝶）

（13）借助微课视频学习生字"纺、编、织"。

（14）教师范写，学生描红。

设计意图：借助信息技术帮助呈现毛毛虫织茧的画面，然后教师边旁白边引导学生反复朗读句子，立体化地感受小毛虫的勤奋与坚持。

2. 学习第七自然段，读出小毛虫的惊喜

（1）观看"化茧成蝶"的动画。

（2）问：这是一只怎样的蝴蝶？（相机板书：灵巧轻盈）

（3）默读第七自然段，找出描写蝴蝶的词语。

（4）指导朗读相关句子。

（5）播放小毛虫破茧成蝶的视频。

设计意图：借助信息技术让学生观看"化茧成蝶"的动画，帮助呈现化茧成蝶、轻盈欢快地飞舞的画面，带学生融入其中，体会小毛虫化茧成蝶后的欢快心情，带着惊喜的感觉朗读。

3. 拓展想象，品悟成长自然规律

（1）拓展想象，深化主题。

蝴蝶热情地向毛毛虫打招呼："你好，可爱的毛毛虫！"

毛毛虫哭泣着说："我实在太难看了。"

蝴蝶安慰它说："你一点也不难看，小时候的我也跟你一样。以前我既（　　　）又（　　　），但是我懂得（　　　），所以你要（　　　）。"

听了蝴蝶的话，毛毛虫笑了，"谢谢你，蝴蝶，我知道以后该怎么做了。"

（2）思考：学习了这篇课文，你明白了什么？

（3）课堂小结。

万事万物都有

自己的规律，

不用为自己的不足

悲观失望，

也不用羡慕

别人的长处，

只要我们尽心竭力，

做好该做的事情，

我们一定能获得成功！

设计意图：首先，抓住课文几处的关键词句来指导朗读，了解小毛虫的变化，从中体会小毛虫编织茧屋的"尽心竭力"和小毛虫破茧成蝶后的"惊喜"。其次，抓住了小毛虫两处独白式的心理描写，凸显课文主旨，读出小毛虫的内心情感。最后，拓展对话，从中引导学生明白自然成长规律，本节课的教学重难点突破，自然水到渠成。

（三）复述故事，再现小毛虫成长

（1）借助插图和填空复述课文内容。

（2）借助板书的简笔画和关键词复述课文内容。

设计意图：设计了阶梯式讲故事，多引导学生讲故事，再现小毛虫的成长变化，从中体会自然成长规律。首先，借助插图和填空复述课文内容，其次，借助板书的简笔画和关键词复述课文内容。这样旨在培养学生提取信息和借助词句讲故事的能力，我把课后第二、三题词语融入故事中，达到语言积累与运用的双重目的。

（四）拓展延读，走进小毛虫的世界

（1）根据板书用自己的话讲故事。

（2）推荐杨红樱的《毛毛虫的天空》。

设计意图：温儒敏教授关于语文教学的24条建议的其中之一：所谓"1+X"的办法，即讲一篇课文，附加若干篇泛读或者课外阅读的文章，让学生自己读，读不懂也没关系，慢慢就弄懂了。这就是为了增加阅读量，改变全是精读精讲，而且处处指向写作的教学习惯。因此，课末我向学生推荐了"解文式"作品的拓展《毛毛虫的天空》，让学生课下阅读，从中感受读书的乐趣。

（五）自主选择，"小毛虫"作业超市

（1）读一读：读读自己喜欢的词句。

（2）讲一讲：向家长说说这个故事。

（3）看一看：课外看看杨红樱的《毛毛虫的天空》。

设计意图：紧扣本节课的教学重难点，设计了两个口头作业和课外阅读供学生自主选择。既巩固了本节的教学内容，又达到了促进学生的语言积累与运用的目的，有效地提高了学生的口头表达能力，更加把课内引向课外。

【板书设计】

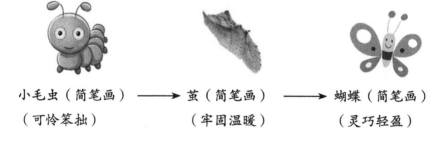

小毛虫

每个人都有自己该做的事情

小毛虫（简笔画）——→ 茧（简笔画）——→ 蝴蝶（简笔画）

（可怜笨拙）　　　（牢固温暖）　　　（灵巧轻盈）

万事万物都有自己的规律

设计意图：一个精心设计的板书是一个微型的教科书。本节课的板书设计图文并茂，教师用简笔画形象地呈现了小毛虫的三个阶段，更好地激起了学生的学习兴趣。同时还抓住课文的关键词句，这样既利于帮助学生梳理课文内容，理解成长的自然规律，又在课末时帮助学生讲述故事，十分适合低年级学生的审美认知，真是一箭双雕。

【教学反思】

把"发现"留给学生

课堂上我把"发现"留给学生，采用体验式学习，凸显语文实践的主要路径。设计课时我以单元主题为引领；以课文目标为导向，把教学目标转变为"群"学习，最终达到语言素养目标；以任务为驱动，开展语言实践。本节课设计了三个学习任务：小毛虫经历了哪几个阶段？读出了一条怎样的小毛虫？借助板书的简笔画和关键词复述课文内容。课堂上学生的表现使我有了这样一份清醒："发现"往往超出了我们老师，不能小看了学生，教学中要尽量少"告诉"。

课前备课时由注重教学环节的设计转变为学习任务的设计，这样的"群"设计着眼于语言与思维的实践，落实教学评一致性。教学过程中，我参与活动、引导活动和帮助活动，帮助学生找到"发现"，小毛虫特点，小毛虫变化；指导学生思考"发现"；引导学生交流"发现"，相机引导学生读出小毛虫的内心独白，读出小毛虫的惊喜，从"发现"中收获快乐、获取知识。

语文的教学如耕种，师者应时刻不忘"播下种子，适时施肥、除草、浇水，静待花开与结果"。

第四章

灵动的学习思考

三人行，必有我师焉。

——孔子

一位教师的成长离不开教学思考。善于思考的教师能建立科学的、现代的教学理念，并将新的教学理念转化为教学行动。通过教学思考，教师可以解决理论与实践脱节的问题，构建理论与实践结合的桥梁；可以提高科研意识；能整体推进教学质量的提高；可以提高认识，优化知识，形成独特的教学风格。

行走于蜕变成蝶的路上

流年如梭，时光似水，转眼间三年的工作室学习时间即将结束。三年来，在陈月容导师的引领下，我和工作室的小伙伴们走进课堂、走进教学研究、走进交流、走进阅读、走进文本、走进专家讲座、走进语文……在不断的交流学习中，通过陈月容导师组织的扎实有效而系统的活动，我在语文教学的事业上思考着，也进步着，行走于蜕变成蝶的路上。

一、走近名家，认识语文

小语路上行走22年，究竟什么是"语文"？我一直在寻找答案……

记得刚进工作室时，陈月容老师就要求我们让读书成为生活的习惯。三年来，我拜读了窦桂梅的《回到教育的原点》、温儒敏教授的《温儒敏论语文教育（三集）》、陶行知先生的《陶行知教育文集》、叶圣陶先生的《叶圣陶语文教育论集》、苏霍姆林斯基的《公民的诞生》等教育教学类图书。我不断通过阅读提高自己的理论水平，也通过阅读提升自己的思维素养，在阅读的同时及时做读书笔记，及时写下自己的思考与反思。三年下来，我发现阅读已经逐渐成为我的一种习惯，同时阅读也丰富了我的思想。

阅读名家，除了读名家之作，聆听讲座更能切身感受名家的思想。三年来，陈导为我们请来了一个个名家大师，带领我们"走出肇庆，走出广东"，前往南京、海口、常州等地进行观摩学习。在主持人陈月容老师的带领下，我们在多地访名师、听讲座，探寻语文真面目，感受语文教学之美。这些讲座给我们带来了一次又一次的语文教学理念的洗礼与提高，在聆听中，我们更新着自己的语文教学思想，提升着自己的语文教学能力，明白语文姓"语"，小语姓"小"。

二、走进课堂，聆听语文

读万卷书不如行万里路。在这三年的时间里，为了提升学员的教学力、学习力、研究力和课程开发力、推广力，陈老师带领我们开展了形式多样的同课异构、送教下乡等课堂教学活动，这些课型中既有中低年段的，也有高年段的；既有阅读教学课，又有小古文教学。我们以不同的方式聆听了工作室的每一位名师的课堂，并通过课后点评和交流讨论，深化提高。这些活动让我真正懂得了我们的语文教学要讲究教学艺术，要彰显语言文字之美，要体现"审美鉴赏与创造"，从"审美"进阶为"求美"；让我明白一节好课的标准应该看学生思维的参与度，师生之间的互动应体现在细节上。在聆听中，我深感学习的重要性，要做教学的有心人，多学习，多反思，学做一名真正会上语文课的老师，更要在教学过程中不断思考，结合学生的情况形成自己的特色。

工作室还开展了"微讲座"活动，由工作室培养对象自主选题，面向其他成员分享自己的教学理念、教学风格、教学成果。每一位老师的展示都让我看到了优秀的语文教师不凡的风采和不懈的追求；享受到了语文课堂教学之美。如李月梅老师的《勤于阅读，书香四溢》、温志成校长的《生活中的传统文化》、梁有玲校长的《谈小学语文课堂实时评价》、宋环芳老师的《小学生课外阅读的几点建议》，等，这些有着鲜明个性色彩的教学源于对语文教学的热爱、对学生的热爱、对学习的执着，以及老师们长期不懈的努力。这些老师的分享让我重新审视自己的教学理念，或许我们擅长的不一定要很多，在某一点上做到极致也可以收获属于自己的阳光。

三、导师同行，发现语文

在成长路上我坚守课堂，走进教育论著，聆听课堂教学，但不如名师指路。在三年的跟岗中，在陈老师的讲座、点评中，我慢慢发现了语文的"小秘密"——《优质课例展风采，精彩讲座献魅力》中提到的：学校的发展要敞开教师的大门。怎样的大门？以"学"为主的大门。我们平时的教研要注重"改课"，什么样的课才是一节好课？教贵有法，教无定法，贵在得法。《"三读"教学初探》带我走进了基于部编教材下的阅读教学模式"初读—悟读—延读"。教师备课时要三思：为什么读，读什么，怎么读，让课堂的琅琅书声有声有色。她还在平时的评课总结中，强调小语人教什么比怎么教更重要，每次备课要做好三个关注：关注单元主题人文要素，做到双线合一；关注阅读拓展，立足教材，超越教材；注重语用训练，立足课堂，超越课堂。我们只有用心阅读文本，正确解读文本，才能有出彩课堂。教什么是个永恒的话题，也是常讲常新的话题，我一直走在路上。

四、回归课堂，教好语文

名师指路，不如自己感悟。三年来我真正体会到，作为语文教师，最核心的问题就是要把语文教好，做一个称职的、对得起语文的老师。因此我养成了随时思考语文教学的习惯，把学到的、读到的语文教学理论与自己的语文教学思考结合起来，形成合理而有一定的深度的语文教学理论，并及时撰写教学论文，记录下自己的灵感。同时，我还意识到在具体的研究中要抓住语文课堂和语文教学内容这两个核心，只有把这两方面研究透了，自己才有可能把语文教好。我把在工作室中获得的教学理论用于我的课题和教学中，并积极进行探索，不断地分析、讨论，总结出一套适合我们自己学校学生特点的实用有效的教学方法，让孩子们喜欢学语文，乐于学语文。

三年来，我执教了《卖火柴的小女孩》《肥皂泡》《冀中的地道战》和《伯牙鼓琴》四节区级以上公开课，写了6篇教学反思，在省级以上发表或获奖教学论文8篇，其他研修心得近20篇；我主持研究的教育部中国教师发展基金会重点课题"教学多样化与素质教育"子课题"读书习惯的养成与写作能力的提高"和教育部中国教师发展基金会重点课题"教学多样化与教育教学"子课题"如何在教学中渗透传统文化"，研究成效显著，2018年5月顺利结题，课题成果分别在2017年和2019年第五、六届肇庆市科研成果奖中荣获二等奖，其中"如何在教学中渗透传统文化"课题成果荣获广东省第30届中小学教育创新成果三等奖；2018年主持的广东省教育技术中心2018年教育信息化应用融合创新课题（市级）"信息技术与小学语文教学深度融合的案例研究"于2020年8月结题；我主编的课题校本教材《舌尖上的肇庆》荣获广东省中小学特色读物二等奖；学校被评为"全国优秀实验学校"，我也被评为"全国优秀课题主持人"。此外，我主编的多本课题校本教材《书海拾趣》《诗海寻梦》等在区内外推广使用。这些不就是我深化理论后的收获吗？不就是我学以致用的证明吗？

五、蜕变成蝶，出彩未来

"教好书育好人"，这是陈导对我们的希望，希望我们不光是要站在自己的语文学科位置上看教育，同时要跳出小语人的位置来看教育，教育要有长远的目光。老师的主要工作是教书育人，"教好书育好人"应该是所有老师一辈子的追求。要实现这个目标，只有不断学习、反思。

在学习中提高，在反思中成长。三年的时光短暂如白驹过隙，有收获也有惆怅，但一切都因为有了"追光的团队"结伴同行而让我更加明晰了自己的语文教学之路，因为有了工作室的一群语文人的交流和努力而显得更加坚实。如今，我已"化茧"，将继续行走于蜕变成蝶的路上。

巨人肩膀上的风景

2019年5月13—19日，我参加了广东省小学语文陈月容名教师工作室跟岗培训。此次跟岗学习我共听了三位专家讲座、六位学员的微讲座、主持人专题讲座、同课异构两次、两次名师送教下乡磨课研讨活动、读书分享会和名师送教下乡两节。这次内容丰富和形式多样的培训使我开阔了眼界，每一天的学习都带给我思想的洗礼、心灵的震撼、理念的革新，使我对教师这个职业进行了重新的认识，在语文课堂教学的艺术、教研活动的形式等方面也有了更深刻的认识。

一、专家讲座，专业引领

2019年5月14日下午，工作室主持人陈月容老师开展专题讲座《谈谈朗读技巧》。陈主任采用"理论+例子引路+现场示范+现场练习指导"的模式，打破以往讲座一言堂的独角戏，让我们了解朗读技巧的方法，体验了一番名师指导的朗读训练，感受到了朗读的魅力。

2019年5月15日，我们在逸小报告厅听了市教育局教研室伦仲潮主任的《着眼学生的未来发展，扎实开展口语交际教学》专题讲座，受益良多。伦主任全面、专业地阐述了口语交际教学，既有理论，又有实践例子引路，不但增长了知识，而且开阔了思路，指明了我们日后口语交际教学的方向和具体、操作性强的做法。伦主任的讲座让我们感受到了自己与大师之间的差距，在深受启迪的同时，也有所反思。由此我更清楚地认识到成长路上必须做一个有心人，注意收集过程材料。功夫不负有心人，终有一天会厚积薄发。每日三省吾身，才能看清自己，成长路上不迷失方向。读万卷书不如行万里路，行万里路不如阅人无数，阅人无数不如名师指路，名师指路不如自己去悟。成长路上，我们站在了巨人肩膀上，但是更重要的是自己去感悟、反思。让我们在实践中反思，在反思中成长。

2019年5月18日早上，听了专家张怀志的讲座《课堂教学革命——从以教为主向以学为主转变》。他结合他的学习生涯、教书生涯、高效课堂做了具体的分析，让我懂得了怎样在40分钟内让学生"动"起来。教学有法，教无定法，贵在得法。日后，我也思考自己的课堂如何用"121"的模式打造高效课堂，如何做到精讲精练，让学生动起来。下午，我们听了专家郭明霞的讲座《作文，我有办法》。她的讲座内容实用，理论与实例相结合，针对性强，解答了我一直以来在教作文时的困惑。她与现场进行了有趣的互动，来自一线的鲜活例子十分接地气，可以模仿，可以移植。

二、同课异构，构出异彩

我们走进了沙浦中心校观摩了一次同课异构活动。这次同课异构活动由陈月容名师工作室的周惠妹老师和鼎湖区小学语文名师工作室成员伍柳仪主任执教《羿射九日》。《羿射九日》是一个古老的神话故事。文章内容精练，结构紧接，语言简单生动，易于理解。两位老师抓住了单元主题的训练要素——拓展想象，备课时深入研读文本，多次恰到好处地拓展想象，训练说话。这次同课异构，构出了别样风采，让我们又进行了一次教与学的思维碰撞。

5月16日上午，艳阳高照的初夏我们来到了永安新村小学开展同课异构活动。这次活动由广东省小学语文陈月容名教师工作室成员龙晓颖老师和鼎湖区小学语文名师工作成员李少波老师分别执教《"凤辣子"初见林黛玉》，让我再次看到了同课异构，同构异彩。两位老师解读课文的切入点不同，因而向我们呈现了不同的设计思路、不同的教学方法、不同的教学风格。

三、名师送教，引领成长

5月16日下午，工作室成员李月梅老师为我们呈现了一节精彩的讲读课文《棉衣姑娘》。李老师温儒的风格，到位的点评，用心的设计，让听课者感叹：她的学生真幸福，真想时光倒流，当一回她的学生。邱树娇老师的微讲座《学习汉语拼音的兴趣》，从五个方面阐述，理论与例子相结合，可操作性强。

5月17日，我踏着初夏的朝阳来到了高要禄步镇中心小学参加工作室送课下乡活动。活动中，我执教了三年级下册课文《肥皂泡》，谭汝敏教研专家执教了《父亲的菜园》。谭老师向我们呈现了教师简单地教、学生扎实地学的精彩课堂，采用"四读"模式学习略读课文。课堂上，教师注重学习方法的传授，注重拓展迁移，受益匪浅。博士生导师叶澜老师认为，下列五种课都属于好课：①有意义的课，即扎实的课；②有效率的课，即充实的课；③有生成性的课，即丰实的课；④常态下的课，即平实的课；⑤有待完善的课，即真实的课。华东师范大学崔允漷教授将所谓的"好课"归纳为"教得有效、学得愉快、考得满意"这十二个字。尽管评价标准不同，但不难看出，都把课堂教学的"有效性"作为衡量一节好课的关键要素。课已尽思未完，课后我回想自己的课堂：以生为本，要心中有学生，眼中有资源，教育是静等花开的过程，我们教师要给学生适宜的温度、湿度、空气和水分，要静等花开，在等的过程中可以帮助施肥，浇水，给学生以责任，让学生自己亲自观察、亲身体验、亲自操作，培养学生的学习能力和独立解决问题的能力。今天又是一次思维的碰撞，智慧的交流，犹如一场甘露滋润着我。

四、观微讲座，扩大视野

陈见玲老师的微讲座《小学朗读教学》让我们受益匪浅，明白了朗读要求，懂得了朗读技巧。温志成老师的微讲座《激励性评价在小学语文课堂教学中的作用》用实际例子与理论结合让我知道了老师课堂上的激励语言居然有如此大的魅力。在日后教学中，我也要善用激励语言。

5月17日下午，我们在逸小录播室听了宋环芳老师的微讲座《小学生课外阅读的几点建议》和梁友玲校长的微讲座《谈小学语文课堂的实时评价》。让我们获益良多，两位老师演讲精彩，内容实用，理论与实际案例相结合，可操作性强。

五、磨课研讨，智慧交流

5月13日下午，我们倾听了周惠妹老师执教的《羿射九日》。在磨课中，我们再次激起教与学的思维碰撞。5月15日，在送教下乡磨课活动中，我执教了部编版语文教材三年级下册第六单元课文《肥皂泡》。陈月容导师带领其工作室成员和鼎湖区小学语文名师工作室成员近30人深入课堂把脉问诊，对过渡语、教材拓展、教学问题设计的有效性等问题直言不讳地指出，并帮我找到解决问题的策略。成长比成功更重要！磨课的艰辛和老师们交流思想碰撞时的喜悦依然历历在目。

在今后的教育教学实践中，我将静下心来采他山之玉，纳百家之长，在教中学，在教中研，在教和研中走出自己的一路风采，求得师生的共同发展，求得教学质量的稳步提高。这就需要今后自己付出更多的时间和精力，努力学习各种教育理论，勇于到课堂中去实践，相信只要通过自己不懈的努力，一定会有所收获，有所感悟。

秋天的第一杯奶茶

"秋天的第一杯奶茶"流行起来了。后来我上网查了一下，才知其意：想在秋天得到爱的味道。不惑之年的我，出现了教育生涯的"瓶颈"，出现了职业倦怠、高原反应症状……谁能给我"秋天的第一杯奶茶"？

——题记

一、触动：观其色则念念不忘

培训结束回到酒店已经13点10分，只有30分钟的休息时间。下午，我和小伙伴拖着上午的"疲倦"跟着主持人陈月容老师来到肇庆市颂德学校，参加"一市三区三地"省级名教师、名校（园）长工作室（肇庆片区）区域联合教研活动。此次活动首先由广东省肇庆市省级名校长工作室、名校（园）长工作室和名教师工作室共12位主持人发言，分享了各工作室开展的工作历程及特色。陈导用四朵花介绍了我们工作室走过的足迹——"科研之花促成长""引领之花香十里""联谊之花共进步"和"云端之花助学习"。12个主持人的演说让我们不知什么时候扔掉了"疲倦"，迎面飘来浓香，令人闻之则念念不忘——原来名师是名在管理，名在教学，名在育人，名在思想，更让我看到了一个人的背后有一群人，这一群人背后有一段历史，这一段历史让我看到了一个区域改变的教育心态。

二、意外：闻其香则沁人心脾

肇庆学院文学院陈明华书记的讲座《阅读与教师精神成长》从"教师精神成长的核心要素，教师的自我定位，教师精神成长的路径"三个方面出发，理论与事例相结合，过程中穿插了31本推荐书目。我感到十分意外，为什么如此枯燥的老话题我却感觉到甜而不腻呢？是的，在古稀之年的陈教授身上找不到"职业倦怠"的影子。许多中年教师职业"高原反应"，难道不是因为"能量"耗尽吗？难道不是因为没有"新血液"注入吗？牛顿有句话："如果说我看得比别人远，那是因为我站在了巨人的肩上。"我很信奉这句话，站在大师的肩膀上前行，那就是"学"。书中语，一个人不想读书，不想成长，将永远无从知晓自己是什么样的人，或者能够获得什么样的成就！没有天生的名师，只有奋斗的勇士。教师只有加强自我修炼，才能成为名副其实的"名师"。

三、兴奋：品其味则甜而不腻

这次跟岗嵌入了体验式的活动——"世界咖啡"。12个工作室分成4组，每个工作室1个主题，组内的其他3个工作室分别对自己的主题提出观点，并写在大白纸上。交流结束后，每个工作室派一个代表发言，发言时间3分钟。"秀英，你做好发言准备！"我惊讶地看着她，陈老师似乎一下子读懂了我的眼神，"昨晚，电话里不是告知你了吗？"我多无奈也是事实。昨晚电话内容，我的确没有放在心上。一是昨天我实在忙晕了；二是我在电话里推荐了汝敏，自以为脱身了。我们组发言的顺序是第二位，所剩时间不多了。我只好拿着笔在大白纸上梳理出关键词，再用总分关系的思维导图呈现出来。"有请第二组陈月容工作室代表发言。"在热烈的掌声中走到讲台上，我不知哪儿来的自信，看着大白纸脱稿解说。这一刻现场交流的、准备的、看手机的……似乎都停止了，此时我看见满意的眼神和认真聆听的表情，更加洒脱自如。"时间到！"还剩最后总结句，尽管我多不情愿也要遵守大会的规定。我带着点惋惜走下了台。"下面宣布二等奖名单……""啊——二等奖没有我们，秀英第一！"友玲师姐的喊声让全组兴奋起来。"你真出彩！"肖晓玛教授递给我奖状时，笑着对我说。简单的四个字却在我的内心翻腾许久，兴奋与思索一直萦绕心间：哪儿来的"出彩"？——这是我在"华师之行"收获的团队组建的干货，这是一年来反复收看《超级演说家》的演说技巧。此时，我深深体会到"厚积薄发"与"临时抱佛脚"的区别。我们不能因为有了平台，才临时去学习、增值；而是因为学习增值了，才有平台，才有出彩的自己。

四、沉思：悟其韵则醇香持久

罗夕花老师的讲座《阅读指导的路径解析》向我们呈现了她坚持做整本书阅读探索的五个阶段：①单元模块整合教学的研究；②课外阅读进课堂；③推动亲子阅读；④整本书阅读；⑤嵌入式课外阅读课程的构建与实施。她两个多小时的讲座，首先，主张亲子阅读，每周给家长写一封信，联合家长坚持与孩子共读，并大声为孩子朗读。其次，罗老师从为什么读、读什么、时间保证、怎么读四个方面进行详细讲解。整本书阅读对提高学生语文素养的重要性已为人所认识，罗老师理论与实例结合对整本书阅读指导路径进行了实践性地探索，为学生有效开展整本书阅读开启了一扇窗。罗老师从开始想着在课堂加入课外阅读，培养孩子的阅读兴趣，到想着如何把课外阅读课做好，最后把整本阅读的做法推向区域的一线教师，改变了区域的教师教育心态。

"推动整本书阅读"的教学之路，罗老师走了近20年，但她还在路上——把嵌入式阅读做成系统化、课程化和活动化。罗老师这份坚持醇香而持久，深深地触动到了我的内心深处。回望自己走过的21年教育之路，我陷入了沉思：做了很多事，忙碌而没有空闲——主持参与了10多个课题研究，做了很多课改的尝试，也有近20项市级以上的科研成果……但回想，似乎又没有做什么事，哪一件事都没有做好。坚持把简单的事情做好，就是不简单！坚持把平凡的事情做好，就是不平凡！所谓成功，就是简单事情坚持做，重复做，用心做，在平凡中做出不平凡的坚持！

以"学习之泉"为主材料，用"改变行动"来调料，最后用"反思之火"加点温，专属于在教育路上追梦人的这杯特制"奶茶"就成功了。饮一口这专属的"奶茶"，我们将不忘初心，走最远的路，补足满满的能量继续跋山涉水，筑梦前行！

一缕初冬暖阳

初冬暖阳，江南气暖冬未回！迎着冬日暖阳的美好天气，广东省陈月容名教师工作室学员2020年第二轮跟岗学习如期开展，相聚在高要和四会。

一、名师同台展风采，示范引领促成长

伴随着初冬的芬芳，沐浴着柔和的阳光。2020年11月19日上午，全体学员在主持人陈月容老师的带领下来到高要区回龙镇侨光中心小学进行送教活动。本站活动以"课例引领—观课评议—名师指路"的研培合一的形式开展，达到互学共研促成长的效果。

工作室成员周惠妹老师的《大禹治水》教学思路清晰，层层深入，紧扣"治水"课眼，抓住关键词句品读感悟，运用恰当的多媒体迁情入境，以悟促读，简简单单有方法，平平淡淡有激情，扎扎实实有提升。

在阅读教学中如何渗透学法指导，是当前小学语文教学改革的一个重要课题。特别是对于三年级的孩子，更是至关重要。邱老师执教《海滨小城》这篇课文时在此方面下了一番功夫。授之以渔，扶得自如。以点带面，注重学法。标关键词，体会特点，借助关键语句理解每一段话。让学生自读自语，自主探究，升华感情。邱老师在课文教学中，认认真真、实实在在地教学。这堂课学生们受益很多，老师们获益良多！

高要区新桥镇中心小学的赵有珍老师和工作室成员汝敏老师出色完成了"同课异构活动"。她们共同的亮点是深入品读文本，丰满人物形象。引导学生抓住重点词语进行学习，如环境描写中"烤"，人物描写中"瘦弱、龟裂"等，让学生通过对表现慈母情深的重点句进行讨论、想象、交流，体会母亲挣钱的艰难，使学生自主参与学习，学生在研讨中碰撞出思维的火花，在切磋中

激发出创新的灵感，在交流中感受语言文字的魅力，在咀嚼中使母亲的形象更加丰满，感悟慈母情深。不仅引导学生感受了人物形象，还渗透了写作方法，很好地达成了教学目标。

《大自然的声音》是一篇生动有趣的课文。陈老师巧用丰富的素材，准备充足，过渡自然，能引导学生入境、想象，让学生真正地走进大自然，体验大自然，发现大自然，激发学生热爱大自然的感情。大自然是美丽的、奇妙的，亲近自然是孩子乐此不疲的事情，在大自然中有很多美妙的声音，陈校用学生熟悉的鸟叫声、流水声、风声、雷声、雨声作为探究的对象，让学生静下心来去倾听。

梁老师执教的《王戎不取道旁李》亮点很多。首先，"读"占鳌头。四年级的小学生对文言文还是非常陌生的，所以想理解文本内容必须要在熟读的基础上进行。因此，梁老师采用指名读、小组读、同桌互读等方法，争取每个学生会读本文，也能以此为根基学会去读其他的文言文。其次，"学"字当头。在读熟读顺的基础上，引导学生借助手头资料和课文中的批注，试着去理解每句话的意思，创设自读自悟的情境。

二、名师点评解疑惑，创新教研新体验

2020年11月20日下午，陈老师带着"六顶思考帽"走进了高要区新桥镇中心小学开展教研新体验。正所谓"横看成岭侧成峰，远近高低各不同"，欣赏的人不同，欣赏的角度不同，欣赏的风景也不同。

工作室带去的"六顶思考帽"的全新教研方式，让听课者特别惊喜。这种全新的教研方式，"谁也不落下"地积极调动了每一位听课老师的积极性，课前给大家分派好了听课任务，课后的点评就非常有针对性，而不是泛泛而谈。每一节课都是有遗憾的课，而那些遗憾都是闪光点，发掘闪光点，不断完善这一节课，这样的方式，让这一节课变得特别有意义。

三、小古文专题教学，同台切磋拓思路

本期跟岗交流，陈老师安排了我与晓颖老师负责"小古文专题研讨活动"，我执教六年级上册《伯牙鼓琴》，晓颖执教《古人谈读书》。

晓颖老师设计了三个学习活动。活动一，学生通过自学课文，自主学习生

字词，借助注释读懂课文。活动二，诵读古文，让学生通过自读、同桌互读、齐读等多种不同方式练习诵读，给学生充分的时间练习诵读古文。活动三，学习并背诵古文。通过词句填空、根据意思背句子等方式，帮助学生背诵第一则古文。三个活动设计合理，难度层层递进，有效帮助学生学习古文、理解古文、背诵古文。

我主要通过"试读—译读—悟读—赏读—延读"五读教学法，层层推进，环环相扣。我紧紧抓住了课眼"绝"，设计了以"绝"为主线的教学思路——"绝技（伯牙的琴技）""绝品（伯牙的古琴）""绝望（伯牙失去知音的心情）""绝弦（伯牙断绝琴弦）"和"绝唱（流传千古的故事）"，把学生一步一步地带进文本，走进伯牙的内心，体会其情感。

这次与晓颖老师同台切磋，让我对小古文教学有了更深的思考。在小古文教学中，老师解读教材一定要有高度，抓准课眼，用丰富多样的读代替枯燥的讲，用绘声绘色的演代替生硬的解，用文白交互的表达代替机械的练。然后还可以通过猜一猜、读一读、演一演、唱一唱等形式，让学生了然于胸；在轻吟浅唱中，实现师生和文本的对话；在老师的趣味引领中，让学生走出文本，升华主题。

初冬树木凋落了，但依旧是那样的美。陈导用一缕色彩，一缕暖阳装点着这个跟岗活动。陈老师构建了区域性的学习团体，打造出教师学习的共同体，营造出教师学习成长的深厚氛围，为教师树立了标杆，让教师在一起互相学习、互相协助，共同成长。本次名师送教活动，为工作室学员搭建了一个展示的平台，为观摩的老师提供了一次现场学习观摩的好机会，也给我带来了许多新的启迪。活动形式特别实在，接地气，有很强的指导性。行走在语文路上的我们，必将且教且思，渐渐与名师靠近，与语文文本真贴近！

取名校教学之策略　采名师教学之奇葩

2019年10月9—10日，我们鼎湖区小学语文名教师工作室全体成员到顺德睹名校之真容，赏名师之风采。本次培训的活动内容丰富多彩，既有优秀课例的展示，也有特级教师的专题讲座；既有对百年名校的参观，也有参训学员的交流碰撞。此行感触良多，受益匪浅。

一、高效课堂培养出彩学生

2019年10月9日下午，我们走进了佛山市顺德区东平小学观摩了吴之伟老师执教的四年级《牛和鹅》的课堂教学。吴老师为这堂课做了充分的准备，整个教学过程结构清晰、流程顺畅、环节紧凑。吴老师在授课过程中将做批注的方法巧妙地融入阅读教学中，引导学生学会做批注的方法、独立思考、自主学习，整节课师生关系融洽，学生积极性高。

10月10日上午，我们走进了红棉小学听了刘楚婷老师执教的二年级课文《坐井观天》。这节课有几个亮点：首先是高效——高效课堂培养出彩学生，刘老师在课前进行了前置性小研究。根据教学目标和学情，详略处理得当，形成了一堂高效的课堂。其次是灵动——灵动设计凝造愉悦课堂，刘老师教态亲切自然、灵动活泼，且充分发挥了学生的主体性，让孩子自主识字，孩子们学习积极性高。最后是课末注重拓展——拓展积累延伸教学宽度，刘老师注重课内和课外阅读拓展，丰富了孩子们的积累。

二、智慧名师引领专业团队

我们在报告厅听了谢立清校长的专题讲座《批文寻情注语析理——批注式阅读的教学探索》，讲座视角独特，聚焦统编版教材和批注式阅读教学。谢校长从统编版教材阅读教学策略的启示、批注式阅读教学内容的可能、批注式阅读教学的实践、批注式阅读教与学的变化这四个方面进行阐述，使我们受益匪浅。

三、创新管理打造特色品牌

东平小学谢立清校长带领我们见识了丰富多彩的校园文化——慧指文化。多元教育有序且有益，每个细节都传递教育力量。

红棉小学语文和数学的教研组长对自己的学科的前置性学习作了详细的介绍，德育主任对自己的学校的"生命教育"的开展和成果也做了介绍。让我们看到了乐从镇以"善乐教育"为依据，变革课堂教学模式，着重激发学生主体参与的主动性和积极性，加强对学生学习态度、学习习惯和学习方法的培养和指导。以"三模五环"课堂教学模式为蓝本，探索符合新课改要求的教学方法和模式，关注教师的教学实践，关注学生的学习过程，关注教学过程，着力在课堂上培养创新人才。

此次顺德取经之行，我们取名校教学之策略，采名师教学之奇葩。这些收获一定能亮丽我们的教学生涯。